JN258598

富山市議はなぜ14人も辞めたのか

富山市議はなぜ14人も辞めたのか

政務活動費の闇を追う

チューリップテレビ取材班

岩波書店

はじめに

「相談があります」

２０１６年7月も終わりに近づいたある日の夜、２人の部下が私の席にきた。デスクの宮城克文と富山市政担当記者の砂沢智史だった。富山市議会の中川勇（いさむ）議員が架空の市政報告会を開くなどして、不正に政務活動費を得ている疑いがあるという。中川議員は富山市議会議員の議員報酬を一気に月10万円引き上げることを強硬に進め、地元新聞社の女性記者から取材メモを奪ったとして私たちが取材のターゲットにしていた人物だった。２人は、富山市議会議員が使用した政務活動費について情報公開請求し、毎晩調べていたのだが、中川議員の不正の疑いが強まったことから、裏取り取材に着手したいと局長の私に打診してきた。そして、こんなことを尋ねてきた。

「自民党議員会の実力者を調査していることが伝わると、局が不利益を被るのではないでしょうか」「圧力がかかったらどうなるのですか」と心配して質問してきたのだった。確かに相手は市議会のボス的存在で、自ら経営しているスポーツクラブを通じて、当社とは古くからつながりもあった。この時、私の脳裏には25年前のことが浮かんだ。

当時、東北地方の民放テレビ局の記者だった私は、地元の有力県議が、代筆してもらった博士論文でニセの医学博士になったという特ダネ情報をつかんでいた。県議は、そのテレビ局の大株主でもあったため、それを斟酌した局幹部から取材を中止するよう圧力がかかった。結局、直属の上司が「取材をやめるのは記者が命を捨てるのと一緒だ」と職を辞する覚悟で抗議をし、報道部の先輩記者たちに守られてスクープは放送された。25年たった今、同様のことを心配する部下の姿を見て気持ちが引き締まった。議員側に漏れないよう、限られたメンバーで慎重に裏取り取材を進めることにしたのである。

私が17年前に移ってきたチューリップテレビは、富山市に放送の拠点があるＴＢＳ系列の民放テレビ局で、１９９０年10月に開局した、いわゆる「平成新局」の一つだ。従業員は社長以下73人で、日本民間放送連盟加盟の全国１２７局の地上民放テレビ局の中では、小規模民放局の部類に入る。記者もディレクターもアナウンサーも皆、取材、原稿、撮影、編集を全てこなす。富山は他の県に比べて事件や災害が少ないこともあってか、ここに来た当時は、平和でのんびりした局だなと感じた。誤解をおそれずに言うと、闘わない記者が多く、横並びを重んじているように思えてはがゆかった。今回、そんな小さなテレビ局の記者たちが、権力と闘い、不正を明らかにし、全国に伝えて問題提起していった。

不正が発覚する前の富山市議会は、定数40のうち28議席を自民党会派の議員が占めていた。全国有数の自民党王国だ。不正はそこを舞台に思わぬ展開を見せた。私たちが最初に不正を報じた8月中旬からわずか半年あまりで14人の市議が辞職し、同様の問題が全国に波及する。議会がここまで腐敗していたことに正直驚いた。同時にそのことに向き合ってこなかったことを、取材者として大いに反省している。

議会や行政を監視する報道としての役割を果たしていたか？

いつのまにか「発表もの」に頼るニュースになっていなかったか？

今回のことで、地道に調べ、裏取り取材をして報道することがいかに大切なことか、私たち自身が見つめ直すきっかけとなった。

これからこの本を通じ、政務活動費をめぐる議員たちの行為や不正を生み出した背景、さらには事務局や行政側の問題について伝える。同時にこの本は、長年放置されてきた政治の闇に迫ろうとする記者たちの闘いの記録でもある。報道に携わる人たちの何かの手助けになれば幸いだ。

チューリップテレビ報道制作局長
服部寿人

目　次

【写真】
カバー表：チューリップテレビ取材班が入手した政務活動費支出伝票（第2章参照）
カバー裏：富山市庁舎
カバー、本文中の写真提供はすべてチューリップテレビ

チューリップテレビのおもな登場人物

富山市政記者
砂沢智史（すなざわ・さとし）
富山県生まれ。営業や編成のデスク勤務を経て2015年春から報道記者に。まじめで素直でとにかくしつこい。コンピューターに精通し、数字にめっぽう強い。変化球が投げられず、取材も人付き合いも常に直球勝負する。趣味はバスケットボール。

ニュースデスク
宮城克文（みやき・かつふみ）
富山県生まれ。ニュースキャスター兼政治記者を長く務めてきた。選挙報道に精通し、地方政治の課題に鋭く切り込む。日本史を熟知し、気高い武将たちの名言に人生を学ぶと語る。2016年4月改編でデスクに就任し、とことん深掘りしたニュース作りをめざす。趣味は読書と史跡めぐり。

キャスター
五百旗頭幸男（いおきべ・ゆきお）
兵庫県生まれ。スポーツ記者や警察担当などの記者経験を積み、2016年から夕方のニュース番組キャスターを兼務。見た目は穏やかだが、舌鋒鋭く、これまで数々の社会問題について不正を追及してきた。趣味は休日に子どもと銭湯に行くこと。

警察・司法記者
安倍太郎（あべ・たろう）
富山県生まれ。警察担当キャップとして、事件・事故・司法取材に日夜奔走している。頭の回転が早く、瞬時に冷静な判断を下せ、デスク陣からの信頼が厚い。知識を深めようと1年に50～60冊の本を読みきる読書家。愛読書は沢木耕太郎『深夜特急』。

アナウンサー、富山市政記者
谷口菜月（たにぐち・なつき）
大阪府生まれ。まちかどでの突撃インタビューに強く、度胸は満点。にっこり笑顔で取材相手をくどき落とす。好奇心が旺盛で、被災地取材やハードな仕事を厭わない。大の犬好きで、趣味は宝塚鑑賞。

アナウンサー、警察・司法記者
毛田千代丸（けだ・ちよまる）
富山県生まれ。元新聞記者でアナウンサーに転職したという異色の経歴を持ち、報道では警察担当、アナウンサーとしてはバラエティやスポーツ実況もこなす。好きなものは、ブリかまと日本酒。趣味は体を鍛えること。

富山市政記者
京極優花（きょうごく・ゆか）
富山県生まれ。スポーツ記者から富山市政への担当替えを言い渡された時は涙したが、今では、キャップの砂沢を誰よりも支えるよき妹分として議会改革取材に駆けずり回る。趣味はダンスと人気アイドル鑑賞、海外旅行。

富山県政記者
小澤真実（おざわ・まなみ）
富山県生まれ。県政や経済記者を担当し、いつも明るい笑顔で周りを元気にするムードメーカー。ニュースの放送時間が迫ってピリピリした空気が流れても、明るい声にみんなが救われる。特技は、新しいグルメの店を発見すること。

記者
高岸奈々子（たかぎし・ななこ）
富山県生まれ。記者歴は2年。性格は几帳面で、ちょっとツンデレ。サブデスクとして、取材テープのリスト化など記者をサポートした縁の下の力持ち。好きなものは日本酒とトロンボーン。

アナウンサー、キャスター

西　美香（にし・みか）

茨城県生まれ。２０１２年から『ニュース６』キャスターを務める。富山市政や経済担当も経験があり、アナウンスメントと取材の両方をクールにこなす。ナレーションに定評があり、「第37回アノンシスト賞」で優秀賞受賞。合唱団にも所属している。

特集デスク、記者

槙谷茂博（まきたに・しげひろ）

富山県生まれ。スポーツキャスターを長年務めたあと、社内でもっとも多く報道ドキュメンタリーを作ってきた。後輩思いで、夜遅くまで編集にも付き合って面倒を見てくれる優しさの持ち主。好きなスポーツは野球で、高校時代、ゴジラ松井から三振をとったことが自慢。

報道部長

中村成寿（なかむら・しげとし）

富山県生まれ。記者時代は富山市政担当を経験し、地方都市の活性化問題と向き合ってきた。欧州での取材経験をもとに地域再生に軸足を置き、提言報道を進めてきた。「悩んだら一歩前へ」が口癖。趣味は街並み散策とトレッキング。

報道制作局長

服部寿人（はっとり・ひさと）

青森県生まれ。記者時代は原発問題や整備新幹線の光と影を見つめ続け、ＴＢＳ『報道特集』等で全国へ問題提起してきた。「闘う報道」「弱者目線の報道」を掲げて部員を鼓舞する。趣味はバンド演奏とスキー。

富山市の概要

人口 42万1953人
（2010年国勢調査）
世帯数 15万9151世帯
（2010年国勢調査）

富山県の中央に位置する県都．面積で富山県の約3割，人口で富山県の約4割を占める．

豊かな農耕地帯として，北陸道などの交通の要衝として古くから栄えた．安土桃山時代には佐々成政が富山城に入って治水事業を手がけ，農業がますます盛んになった．江戸時代には富山藩十万石が置かれ，薬や和紙などの産業が奨励された．明治以降，北陸初の水力発電所が建設されるなど，豊かな電力を基盤とした工業のまちとして発展した．

1996年に中核市（人口20万人以上で保健衛生・環境・都市計画などの権限が県から移譲された都市）に移行．2005年に富山市，大沢野町，大山町，八尾町，婦中町，山田村，細入村の1市4町2村が合併して新しい富山市となった．

現在は，日本海側有数の商工業都市で，ガラスのまち，公共交通をいかしたコンパクトなまちづくりをすすめる都市としても注目されている．

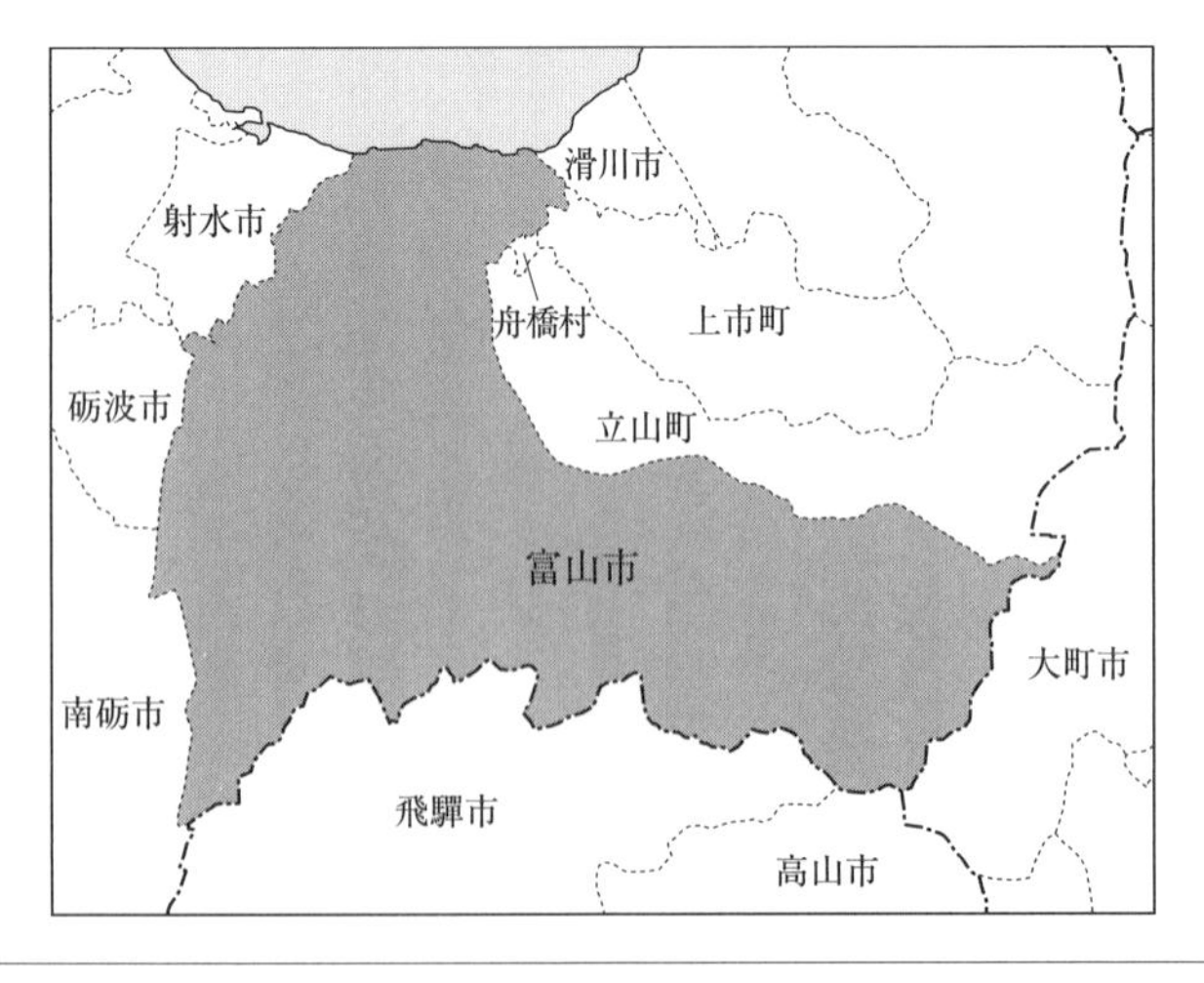

第1章　議員報酬

北アルプス・立山連峰と富山市自慢の路面電車「セントラム」.

突然浮上した議員報酬引き上げ

富山市議会で起きた、14人もの市議の相次ぐ辞職。政務活動費の不正受給を原因としたこの現象を、マスコミは〝辞職ドミノ〟と呼んだ。事の発端は2016年4月にさかのぼる。議員報酬の大幅引き上げ問題だ。

新年度が始まってすぐ、富山市議会は議員定数を現状の40から2つ減らす方針を決めた。その議論の中で、議員のなり手不足を理由に、議員報酬の増額が持ち上がった。言わば、「痛み」を引き受ける代わりに対価の引き上げを求めたのだ。

そして、当時の議会のトップ、市田龍一議長は森雅志市長にある要請をした。特別職報酬等審議会による、議員報酬増額の審議だ。

この審議会は、市長や議員など「特別職」と呼ばれる公務員の報酬を引き上げる際に、検討を行う諮問機関である。特別職の公務員らが、自らの報酬を好き勝手に決めることを防ぐため、第三者機関として報酬の適正額を審議し、市長に答申する。委員を務めるのは大学教授や各種団体の代表者など有識者だ。私たちは審議会の初会合に合わせ、富山市議会の取材を本格的にスタートさせた。

主導者・自民党中川市議にインタビュー

２０１６年5月9日。最初に取材したのは、報酬の引き上げを主導した富山市議会・自民党会派の会長(当時)、中川勇市議だ。当時の中川市議は、富山市議会のドンと呼ばれていた。全議員の7割にあたる28人の市議が所属する自民党会派のトップに君臨し、議長経験もあるベテランだ。そして、後に起こる辞職ドミノは、この中川市議の不正発覚が端緒となる。

取材を担当したチューリップテレビ市政担当記者の砂沢智史は、中川市議に議員報酬を引き上げる理由を質問した。彼の答えは明快だった。

中川市議「まず、議員年金が廃止されたということ。これが一つの大きな要素ですね」

「議員報酬の所得税というのは、60万円に対しては、31・何パーセントの所得税がかかる訳です。国民健康保険料とか全部引いていくと、手元に残るお金が(月に)27万１０００円ですよ。それでいて退職金もなければ、何の保障もないんですよ」

「この収入で議員として、やっていけますか？　家族を養っていけますか？」

砂沢「おっしゃられることは良く分かります」

中川市議「ちなみに私、議員辞めたら、国民年金、今もう69歳ですから国民年金もらってますけど、ふた月で6万円いかないんですよ。議員終わっちゃったら、どこからの収入もなくて、ふた月で5万9000円の生活しなきゃならんのですよ」
砂沢「一気に？」
中川市議「一気に。できますか？」
砂沢「厳しいですね」
中川市議「月3万円あたらないんですよ。どっからの収入もないんですよ」
砂沢「う〜ん」
中川市議「こういう羽目に若い人たち、させれないでしょ？」
砂沢「そうですよね。なるほど」
中川市議「ねっ（笑）。だから年金が枯渇してなくなったということは、非常に議員としては大変なことになっているということなんですよ」
砂沢「年金と退職金があれば、もう全然（違う）？」
中川市議「全然、そんなことはまた別ですよ。そんなこと言うこともなけりゃ、そんな恵まれて、私らも報酬のほの字も出ませんよ。そうなれば。だけど、同じ特別職でありながら、首長たちは退職金もありますし、年金もありますし」
砂沢「議員はない」
中川市議「議員はない。地方議員だけです、ないのは。国会議員にはありますからね」

報酬等審議会初会合冒頭．5月10日．

現在の月額60万円の報酬では、新たに議員を志す者が出てこないという。中川市議によると、報酬から所得税や健康保険料・国民年金などを差し引くと、手元に残るのは月に27万円ほどだという。また、「あなたはこの収入で議員をできますか？」と中川市議は砂沢に問い返してきた。市議会のドンの迫力に、砂沢は無理やり笑顔を作り、「納得できました」と頷くしかなかった。

報酬等審議会がスタート

翌日、審議会の初会合が開かれた。冒頭、森市長は審議会の須藤武志会長に諮問書を手渡し、適正な報酬額を審議するよう依頼した。森市長に続き報道各社も退出し、ほどなく非公開での審議が始まった。市議会からの要望は、少なくとも月に10万円以上引き上げるというもの。民間ではありえない引き上げ額だ。

審議会の委員は全部で8人。このうち1人は欠席し、須藤会長は進行役を務めるため、実質6人で話し合いが行われた。初会合が終わり、報道各社は須藤会長に審議結果を聞いた。審議会は全会一致で「引き上げは妥当」と判断した。ただし、引き上げる額については意見が分かれたため、次回に持ち越すという。結論を急ぐかのように、次回の会合はこのわずか3日後と決まった。

審議会は非公開

宮城克文は、一連の問題をデスクとして指揮をとった。

報酬等審議会の初会合の取材を終えて帰って来た砂沢に聞くと、会議の時間は、約1時間半。冒頭の挨拶のみ公開され、審議の部分は非公開だったという。宮城は理解できなかった。審議の対象となっているのは、公人である市議会議員たちだ。彼らの報酬の原資は税金だ。プライバシーに配慮するような案件でもない。委員たちが増額を主張するにしても、それに反対するにしても、堂々と公開の場で論陣を張るべきではないか。

審議会終了後、須藤会長は報道陣に対し、「報酬を引き上げることについては合意が得られた」と述べ、3日後に開かれる2回目の審議会で具体的な引き上げ額について話し合うとした。

これも驚きだった。少なくとも一定の期間を議論に費やすものと思っていた。しかし、そうではなかった。市議会議長が市長に申し入れをしてから約1か月、瞬く間に外堀を埋められてしまった。しかも、次回日程は3日後に設定されたという。行政の審議会や検討会は、会議と会議の間に論点を整理したり調査をするため、１か月なり2か月の間隔をあけることが多い。しかし、初会合の場で次回会合を３日後に開くと決めたという。これを聞いた時、「結論ありきではないか」という疑念が生じた。

３日後、報酬等審議会の2回目の会合が開催された。今回も非公開だ。冒頭撮影のみ認められ、審議に入る前に報道陣は会議室から退去を求められたという。

取材を終えた砂沢は、怪訝（けげん）な表情をして戻って来た。デスクの宮城は、彼の報告を受けて驚いた。約1時間半の審議を終え、会議室から出て来た審議会長に報道陣が結果を問うと、会長は「市長に答申する前にコメントするのは筋が違う」と話し、取材を拒否して立ち去ったという。市長への答申は別の日にあらためて場が持たれることになるが、それまでは取材に応じないというのだ。

宮城は10年以上の政治記者経験があるが、行政側のこんな対応は聞いたことがなかった。会議の種類によっては非公開のものもある。個人情報が多分に含まれているなどのケースだ。しかし、そういう会議でも、終了後には会見が開かれたりレクチャーが行われるなど、審議内容について説明されるものだ。非公開で閉会後になんの説明もないなどという対応は信じがたいものだった。

「しっかり説明を求めたの？」

宮城が砂沢を問いただすと、彼は「毅然とした態度で説明を求めたんですが……」と肩を落とした。

答申は「10万円引き上げは妥当」

2回目の審議会から6日後の5月19日、審議会の須藤会長は森雅志市長に、月額60万円の報酬を70万円に引き上げるのが妥当と答申した。議会が求めた月10万円以上という引き上げを認めた形だ。これにより富山市議の月額報酬は、全国47(当時)の中核市の中で、金沢市と東大阪市と並び最高額となる。

翌月の6月議会には、議員定数を2減らす条例改正案が提出されることが決まっていた。報酬の引き上げを求める市議会自民党は、定数の削減とともに報酬増額を6月議会で可決したいと考えていた。審議会の初会合が開かれたのは5月上旬。審議会での結論、市長への答申を経て、条例改正案として案文をまとめあげる。本会議に提案されるまでのステップは多く、多忙な委員たちのスケジュールを考慮すると、6月までに結論を出すのは難しいと思われた。しかし、審議会はわずか2回、合わせておよそ3時間という異例の速さで答申をまとめたのだ。

答申書を受け取った森市長は、「コメントすべき立場にない」と述べて足早に市長室へと姿を消した。審議会に諮問したのも市長、答申を受けて条例改正案を議会に提出するのも市長であれば、コメントすべきと思うのだが。

答申のあと、砂沢が報酬等審議会の須藤会長にぶら下がり取材した。焦点は、引き上げ額を月10万円とすることにした根拠だ。しかし、須藤会長は「議員のこれからの活躍を期待して」と、抽象的で曖昧な回答をした。

報道陣の質問は続く。「全国の同規模の自治体と比べても相当高額ですが、そうすべきと判断した根拠は……」。すると、審議会長の横に控えていた市職員が、「(答申に)書いてありますんで」とさえぎって、会長をエレベーターのほうへ誘導し取材は打ち切られた。ついに、納得のいく説明が聞けないまま、審議結果が答申されてしまった。

市は、議員報酬の月10万円増額のための条例改正案を、市議会6月定例会に提出するという。条例案が提出されれば、報酬引き上げを主導した自民党が全議席の7割を占めている以上、可決するのは目に見えていた。

デスクの宮城は、「議員報酬の引き上げそのものが問題なのではない。議員らが十分な説明を尽くし、他県・他市・あるいは他国の地方議会の現状もしっかりと踏まえ、住民の意見も十分に取り入れ、その上で住民合意が得られるとしたら、引き上げるという結論もありうる」と考えていた。

ただ、今回の引き上げのプロセスをみると、議員サイドにも、市当局にも、住民合意を得ようという姿勢が感じられない。むしろ、「なるべく早く、なるべく秘密裏に」と考えているのではないかとさえ思えてくる。

論語に「信なくば立たず」という一節があるが、政治家にとってもっとも大事なものは、「民との信頼関係」のはずだ。古代ギリシアでは、「政治に関心のない国民は愚かな政治家に支配される」という格言もあるという。

「このまま多くの市民が知らぬ間に引き上げてはいけない……」宮城はそう感じた。

ニュースで放送、攻防が始まる

兵庫県出身の五百旗頭(いおきべ)幸男は、11年の記者活動を経て2016年4月から、夕方のローカルワイドニュース『ニュース6』のメインキャスターを務めている。それまでずっと感じてきた〝違和感〟に惑わされずにキャスターの仕事に向き合おうと考えていた。富山県内に拠点を置くマスコミ各社は、県や各市町村、県警、経済などの記者クラブごとに担当記者を配置し、記者たちはそこで開かれる記者会見やぶら下がり取材をもとに原稿を書くことが多い。そこでは、権力側に立つ知事や市長、県警幹部、企業経営陣などに対して、答えに窮する厳しい質問が飛ぶことはめったにない。淡々と事実関係を確認するのがほとんどで、権力側の成果をお膳立てするような当たり障りのない質問ばかりだと感じていた。

「10万円引き上げが妥当」とする答申が出た5月19日、私たちは『ニュース6』でこの問題を伝える準備をすすめていた。

報酬等審議会の取材から帰社した砂沢が五百旗頭に発した一言で、その日のスタジオ展開が決まった。

「答申が終わったあと市長にぶら下がったんだけど、信じられんことにその隙に市の職員が須藤会長をエレベーターに乗せようとしていたんやぜ。猛ダッシュで捕まえたからよかったけど、危うく会長の声が録れないところやった」

「ダッシュして追いかけてるところもカメラが回ってるんなら、そこも使おうや」

「いや、そこは回ってないけど、会長を囲んどる時に市の職員が何度か質問をさえぎってエレベーターに乗せようとしてたわ」

「じゃあ、それをＶＴＲが明けたあとの、スタジオ解説の中に盛り込もう！」

報酬等審議会の須藤会長は６日前の会合後に、「審議内容については答申後に話す」と報道陣に語っていた。非公開にされた審議内容をそこで確認できるものと思っていた砂沢は、怒りを隠さなかった。

エレベーター昇降口前で、砂沢がなんとか応じさせた囲み取材。須藤会長は報酬10万円引き上げを答申した根拠を問われ、「市議たちへの期待を込めた」と苦しい回答を繰り返した。しかも、同じ中核市で同様の人口の市と比べると、抜きん出て高額になることを指摘されるやいなや、市職員が割って入り、エレベーターに誘導しようとする始末だ。オンエアーでは、その様子を詳細に伝えるとともに、五百旗頭は世間の常識に照らし合わせて言葉を選んだ。

「仕事に対する評価が得られていなくても、期待だけで給料が上がるのなら、世の中のサラリーマンは真面目に働かなくなるでしょうね」

ともにキャスターを務める西美香が尋ねる。

西「今回、議員報酬の引き上げを答申した審議会は非公開で、議論の過程が市民に明らかにされませんでしたね」

五百旗頭「ですから、その上で今のようなVTRを見ますと、最初から引き上げありきで結論は決まっていたのではないかと勘ぐってしまいます。市民の税金で賄われる議員報酬が、このような形で決められてしまって果たしていいのでしょうか」

議員報酬引き上げ問題を伝える中で五百旗頭が最初に疑問を抱いたのは、市議たちが議員のなり手不足を引き上げの理由にしていることだった。日本の就労人口の8割近くを占めているのはサラリーマンだ。そのサラリーマンが議員になるためには、仕事をやめなければならない。おのずと、なり手の大半は自営業者になってしまう。そこにこそ、なり手不足の原因があるはずだ。「報酬が低いからなり手がいない」と言わんばかりの主張は、五百旗頭にとっては詭弁としか思えなかった。例えば、欧州のように議会の開催日を平日の夜間や土曜、日曜などにすれば、サラリーマンも仕事との掛け持ちで議員活動ができる。その仕組みをただちに日本でも採用すべきとは思わないが、そんな議会改革の議論がないままの報酬引き上げは全く理解できなかった。

審議会の議事録を情報公開請求

このころからデスクの宮城と砂沢の間で、今後の取材方法に関してあることを頻繁に検討するようになった。

「情報公開制度の活用」である。

情報公開制度は、行政の保有する公文書について、開示請求する市民の権利を認めたものだ。一般市民が行政に問い合わせたり報道機関が取材するだけでは得られない情報も、この制度を活用すれば得られる可能性がある。

もし請求するとなると、候補となる文書の一つは、報酬等審議会の議事録だ。行政が開催する審議会は、必ず議事録がとられている。これを入手すれば、非公開だった審議会の議論の中身が分かるかもしれない。これについては、宮城と砂沢との間ですぐに意見が一致した。

「やろう！」

市政情報コーナーで情報公開請求の手続き.

その数日後、さっそく砂沢は、市の担当課長に尋ねた。「審議会の議事録はありますか？」担当課長は議事録が存在すると答えた。

情報公開制度を利用すれば、審議の内容が分かるのではと砂沢は考え、5月31日に開示請求を行った。3日後、議事録を入手した私たちはその内容に驚く。月に10万円引き上げる根拠がやはり曖昧だったのだ。

そもそも議員報酬の額は、何を基準に考えるのだろうか。人口規模や財政事情、議員の仕事量など、尺度は様々だ。

議事録には委員の発言が時系列に沿って記載されていた。冒頭、審議会の須藤会長が報酬を引き上げるべきか据え置くか、方向性を確認した。月10万円の引き上げの文言は、最初の委員の発言部分から登場した。引き上げる理由は、報酬の手取り額が少ないことと、議会への今後の期待だ。この委員に続き、

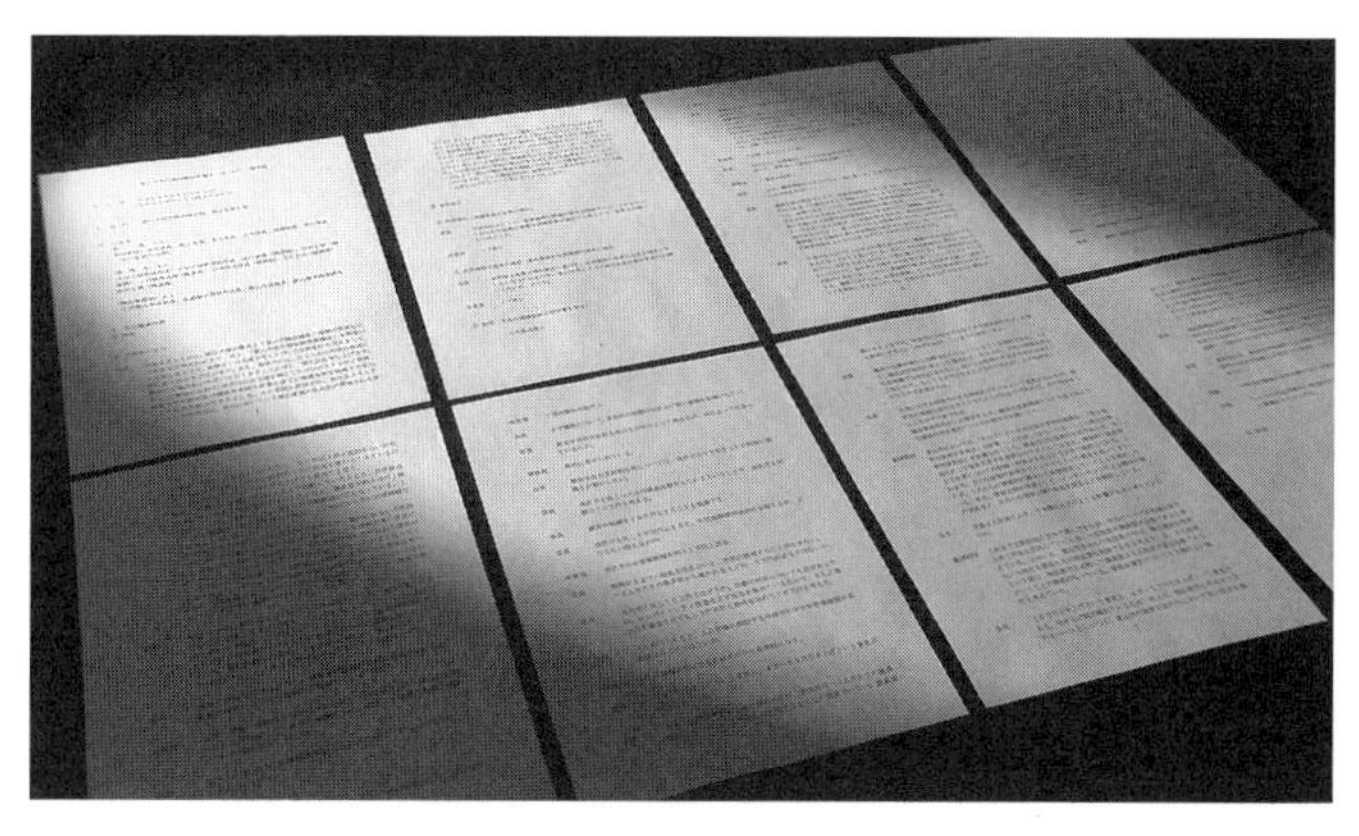

開示された報酬等審議会の議事録．

他の委員も引き上げは妥当と主張、審議会は引き上げの方針を確認し、論点は引き上げる金額に移った。月に10万円が妥当と考える委員と、4～5万円が妥当という意見に分かれた。10万円派の根拠は、近隣の中核市である金沢市と月額の報酬が同じになるということだ。議員たちの活動について「金沢市と同レベルだ」とする発言もあった。金沢市の議員報酬は月額70万円。先にも述べたが中核市で最高額だ。

一方、4～5万円派の根拠は、理論的な計算に基づいていた。議員定数を2削減することで生まれる原資を新たな議員定数38で配分すると、4～5万円の引き上げが妥当と導かれるという。市民1万人あたりの議員数を基準に考えた場合も、やはり同程度になると主張した。

皆で議事録をさらに読み込むと、10万円派の根拠はますます弱く思えた。1回目の審議では結論が出ず、引き上げ額の議論は2回目の審議に持ち越された。次の審議会では、10万円派は、議員の活動が多岐に渡っていて片手間でできるものではないと主張した。例えば、地域や高齢者世帯の除雪作業などにも参加しているという。

除雪作業は議員の活動と言えるのか？　報酬引き上げの根拠と呼べるのか？　甚(はなは)だ疑問だ。また議事録には、他の仕事をしながら議員活動をすることは難しく、資産家しか議員になれないことが危惧されるともあった。報酬引き上げを主導した自民党会派のトップ中川勇市議も、以前全く同じことを言っていたのを宮城は思い出した。最終的に、審議を進行する須藤会長をのぞく6人の委員のうち、過半数となる4人が10万円の引き上げに賛成し、答申がまとめられた。私たちの取材では、8人の委員のうち4人が自民党に近い人物だったことが分かっている。中には、長く自民党市議を務めた人物も含まれていた。別の委員によると、この元市議が10万円の引き上げへと審議をリードしていたという。

居眠り議員を事務局が擁護

6月1日。富山市議会6月定例会が開会した。森雅志市長は審議会の答申どおり、議員報酬を月10万円引き上げ、月額70万円とする条例改正案を提出した。記者の砂沢はこれまでの取材を通して、議会と市当局との間に報酬引き上げにいたるシナリオがあるのではないかと思うようになっていた。しかし、市長のスタンスは「制度として審議会の答申を尊重した」というもの。何度質問しても、それ以上のコメントは述べなかった。

薄い雲間から時折、控えめな日差しが注いだ6月6日の月曜日、報道部長の中村成寿は久しぶりに富山市議会の議場へ足を運んだ。

議員報酬を引き上げる条例改正案が提出された6月議会。この日の一般質問から本格的な論戦が始まる。

論拠が不明確な報酬の引き上げに、すでに市民からは議会への批判の声が高まっていた。自らの報酬を引き上げようと企てた多くの市議たち。これをきっかけにどんな活発な論戦が交わされるのか、議会はどう生まれ変わろうとしているのか、自分の目で確かめたいと思った。

しかし……。一般の傍聴席を覗くと数人の市民がいるだけ。議場を見渡すと、驚くことに、何人もの市議が居眠りしている姿が見受けられた。

緊張感のかけらも感じられない。

すぐさま記者席に移り、スマホで撮影を試みた。同時にデスクに連絡を入れ、カメラマンを一刻も早く手配するよう依頼した。

「月10万円、期末手当ても含めて年間１６５万円余りもの報酬増を提案しておきながら、恥ずかしくないのか」

中村は激しい怒りに襲われ、にぎった拳が震えた。

スマホ越しに議場を撮影しようとすると、議会事務局の職員が大慌てで飛んできた。まるで不審者を見るような目つきで質問をしてくる。

「どこの社ですか」

こちらは名刺を見せて「チューリップテレビです」と返答。「あ〜そうですか」とだけ述べて、その場を立ち去った。

その後、職員はすぐに上司に報告。こちらを意識しながら、ひそひそと話していた。議会事務局職員の必要以上の慌てぶりに、中村は違和感を抱かざるをえなかった。

それから20分ほどして、記者の京極優花が小型のビデオカメラを携え、到着した。議場では休憩時間を挟んで午後2回目の議事が進行していた。2人で打ち合わせを済ませ、中村は撮影を京極記者に託した。

議事冒頭、すぐに居眠りしている議員が見つかり、京極がカメラのレンズを向ける。すると、議会事務局の職員がすかさず居眠り議員に近づき、声をかけて起こして、議場から一旦退出するよう促した。レンズの前から議員を逃がすための行為に見てとれた。

その他にも数人が居眠りをしていた。

翌7日の火曜日夕方、市政担当記者の砂沢が、議会事務局から記者クラブの棚に一方的に投げ込まれた文書を持って帰ってきた。

文面を見ると議会事務局長名で、各社の市政担当記者に対する要請が書き綴られてある。1枚目は議場及び委員会室での取材方法について周知徹底するよう求めている。そして、2枚目に記載されていたその内容を見てチューリップテレビの記者たちは驚いた。

1、議場・報道関係者席での傍聴及び取材等について

(1) 市政記者(16社)については、自社の腕章を着用、又は確認できるよう所持した上で入場すること。

(2) 市政記者以外の者は、議会事務局で交付された「報道関係者証」を着用、又は確認できるよう所持した上で入場すること。

また、「報道関係者証」の申し込みについては、議会事務局にて「報道関係者証貸与申込書の提出」及び「社員証等の提示、又は名刺の提出」により行うこととする。

(3) 報道関係者席にて、議会事務局職員が報道関係者の腕章等の着用の有無を確認し、報道関係者であるか否かを確認する。

(4) 報道関係者席から撮影等をする際に、身を乗り出すなどして撮影を行う者がいるが、議場内への転落や機材の落下など、大変危険であるので、そのような行為は厳につつしむこと。

一読した後、中村は砂沢に問いかけた。

「記者クラブの幹事社はこの要請に対し、どう返答したのか」

「問題だと受け止めず、特に異を唱える社はなかったようです」

議会事務局からの一方的な通知文。中村は20年近く富山市議会の動きを見てきたが、いきなり記者クラブ宛にこのような要請を文書で求めることはこれまでなかった。

議場での議員の姿を撮影するには身を乗り出すしかない場所もある。今回のケースでも京極記者は撮影に苦労していた。

「なぜ、こんなに敏感になるのか、何かうしろめたいことでもあるのか、市民と議会をつなぐ我々メディアをなぜ遠ざけようとするのか」

議会事務局の一連の対応を理解することができなかった。

居眠り議員の映像を放送

この市議たちの居眠りの様子を3日後の『ニュース6』で放送した。キャスターの五百旗頭が市庁舎を背に、タブレット端末を手にリポートする。

「市民から批判の声が上がる中、議員報酬の月額10万円引き上げを審議している富山市議会ですが、本会議の様子がインターネットで中継されていないなど、情報公開の面では非常に遅れをとっています」

カメラがタブレット端末に向けてズームインを始めると、心地よさそうに居眠りする市議たちの姿が映し出された。

「そして、その議会の実態を市民が知ったとしたら、いったいどのように思うのでしょうか」

このあと、富山市の中心商店街、総曲輪（そうがわ）通りに向かった五百旗頭は、通りかかった市民たちに居眠り市議の映像を見せて感想を尋ねた。

「もっと困っている人がいっぱいいるのに、この市議たちは困ってないのでしょう」

「報酬を上げるのはもったいない。気分はあまりよくないね」

「許せないですね。納得できないので、どうか見直していただきたいです」

「これが議員の普通の姿ですわね。10万円引き上げると全国的にも非常に高いレベルになるが、果たして富山市議がそれに値するかということを考えてほしいわけです」

VTRが終わって、映像がスタジオに切りかわる。キャスターの西美香が切り出した。

西「議員報酬の引き上げを市長に答申した審議会が、引き上げの理由にあげていたのが市議会への期待だったんですが、先ほどの映像を見てしまうと、どう期待すればよいのか分かりませんね」

五百旗頭「議員報酬の引き上げを議論する今月の議会には、市民から厳しい目が向けられていることを、議員の方々も当然認識しているとは思いますが、そうした中でも緊張感が欠けてしまうというのは理解できませんね。市民の方々が話していた『納得できない』『報酬引き上げは見直すべき』との声。富山市議会は重く受け止めるべきです」

新聞記者のメモを奪う

議員報酬引き上げ問題で日に日に市民の反発が高まっていた6月10日の朝。自宅で地元紙・北日本新聞の朝刊を手に取った五百旗頭は、思わず声を上げた。

「なんや、これ?」

1面トップを飾っていたのは、富山市議会の最大会派自民党を率いる中川勇会長の取材妨害疑惑だった。前日9日の正午過ぎ、自民党会派控え室で議員報酬引き上げの賛否についてアンケート形式の取材をしていた北日本新聞の女性記者から、メモ用紙を奪ったという。もし事実ならば、同じ報道機関として見逃せない問題だ。出社すると、この日のニュースデスク宮城克文に「双方の言い分を取材しましょう」と提案し、ゴーサインをもらった。

午前中に北日本新聞社編集局を訪ね、本田光信報道本部長にインタビューした。「当時現場にいた他の記者にも話を聞きたい」と伝えると、メモ用紙を奪われたという女性記者の傍らで取材していた同僚記者の証言を録ることができた。

その後、本会議が開かれている富山市議会へ向かった。直接中川市議に会って事実関係を確認しなければならない。本会議が始まる前にすでにぶら下がった他社の記者に聞くと、「何も答えてくれなかった」という。

〝市議会のドン〟は何食わぬ顔をして議場から出てきた。富山市政担当でない五百旗頭は、これまで中川市議に会ったこともなかった。廊下には他社の記者3人がいたが、もう諦めているのか、誰も話しかけるそぶりを見せていない。「しめた」と思い、先陣を切って声をかけた。

五百旗頭「中川さん、すみません。記者への取材妨害はあったんですか？　事実関係を確認したいんですけど」

中川市議「……」

一瞥(いちべつ)をくれるも、無言で歩き去ろうとする中川市議。廊下が狭いため背後にぴたりとくっ付き、マイクを突き出して追いかけた。

五百旗頭「押し倒してメモを取り上げたというのは事実なんですか？　事実関係だけでもお答えできないですかね？」

中川市議「……」

7階から6階の会派控え室に向かうため、階段を降り始めた。走るでも早歩きになるでもない背中を追いかけた。少し肩が怒っているようにも見える。

五百旗頭「中川さん、お願いします」

中川市議「……」

五百旗頭「議員報酬問題で今市民からも厳しい目が注がれていますから、なおさら答えていただかないと」

中川市議「……」

五百旗頭「中川さんお願いします」

中川市議「……」

五百旗頭「取材妨害はあったんですか？　私たちは事実関係が分からないもので、その部分だけお願いします」

中川市議「……」
五百旗頭「お答えいただけませんか？」
中川市議「……」

控え室に近づき、横にまわり込んだ五百旗頭を、中川市議は再び一瞥した。

五百旗頭「なぜお答えいただけないんですか？　お願いします」
中川市議「(議員報酬引き上げの)議案に関わっとるもんだから、それについてはお答えできない」

こちらを振り返ることなく控え室に入っていった中川市議。乾いた音とともに扉が閉められた。五百旗頭が声をかけてから控え室の扉が閉まるまでほぼ1分。最後に一言だけ口を開いたものの、報酬引き上げを主導する最大会派の会長が、報酬問題を取材していた記者に対する取材妨害疑惑を報じられたのだ。反論するなり認めるなり、自らの言葉で説明するのが当然だ。それが市民の代表として選ばれた市議の責務にほかならない。五百旗頭は会社に戻るとデスクの宮城に、ぶら下がり取材の映像を見せた。

「このぶら下がり映像は1分ありますが、ノーカットで見せたいと思っています」
「分かった。そうしよう」

夕方の『ニュース6』で、北日本新聞社側の証言や主張とともに、中川市議へのぶら下がり映像をノーカットで放送した。映像がVTRからスタジオに切り替わった。

西「今回の出来事は、同じ取材する立場としては見過ごすことのできない問題ですよね」

五百旗頭「中川議員は北日本新聞の取材に対して、人の家に入ってきて取材する以上は取材メモを回収するのは当たり前だと主張したというのですが、その発想は検閲に通ずるもので、断固として認めることはできません。記者には、取材源の秘匿という、報道機関としての根幹に関わる権利がありますが、取材メモやノートを無理やりに奪うという行為は、その権利を冒瀆するもので絶対に許すことはできません。中川議員には、誠意ある説明を求めたいと思います」

放送終了後すぐ、五百旗頭に北日本新聞社の知人から電話がかかってきた。
「同業他社としては扱いにくいネタなのに、しっかりと伝えていただいて本当に感謝しています」

確かに、マスコミの間では、同業他社が当事者となったネタは、テレビなら30秒のフラッシュニュースや1分間のストレートニュース、新聞ならベタ記事扱いで処理しようという空気がある。だが、取材妨害は「報道の自由」や「知る権利」を侵害するものだ。北日本新聞社だけにふりかかった問題ではなく、同じ報道に携わる自分たちにも向けられた問題と捉えるのが当然だと、五百旗頭は思っている。

委員会採決へ

6月13日、総務文教委員会。ここで報酬引き上げの議論が行われた。

定例会において、議会に提出された議案は、各委員会に審議が付託される。定例会の最終日に本会議で委員会の結論が報告され、その後採決を行うのだが、委員会の決定がひっくり返ることはまずない。

委員は全部で10人。自民党から7人、公明党と民進党系会派の民政クラブから各1人。合わせて9人が賛成派だ。中には自民党の会長中川勇市議や市田龍一議長がいる。反対派は共産党の赤星ゆかり市議ただ1人だ。始まる前から勝負は決まっているようなものだ。

富山市議会では、一般の人も委員会を傍聴することができる。ただし、先着10人に限る。この日、報酬引き上げを話し合う総務文教委員会の傍聴を希望する者は10人を超えていた。この事態に赤星市議は、傍聴者の増員の受け入れを委員会で提案、しかし、赤星市議以外の委員は反対し、傍聴を認めなかった。砂沢は、あらためて富山市議会の閉鎖性を実感した。委員会では赤星市議が終始反対意見を述べた。これに対し、市田議長は「報酬等審議会の意見を尊重したい」と述べた。渦中の中川市議は、隣に座った赤星市議の反対意見を黙って聞くのみで、発言を控えた。委員長を除いて行われた採決、結果は賛成8、反対1。委員会が終わり、部屋を出て行く中川市議をマスコミはマイクを向けながら追いかけた。

中川市議は、「審議会の意見を尊重した」としか答えなかった。

報酬引き上げを本会議で可決

この2日後の6月15日、6月定例会の最終日。富山市役所前には市民が押し寄せていた。

「議員報酬アップ反対！」

「市民の声を聞け！」

報酬の引き上げに反対する市民がプラカードを持ち、怒りの声を上げげた。

いつもはまばらな傍聴席がほぼ満席となり、記者席もテレビカメラが立ち並び、身動きが取れないほどとなった。

午前10時、本会議がスタートした。口火を切ったのは、共産党の赤星市議の反対討論だ。

「市長と引き上げ賛成派議員が言う10万円引き上げの根拠は、答申を尊重しなければならない

市議会６月定例会．議場に入る中川勇市議．６月15日．

ということしかありません」

「しかし、今、その根拠はもはやがたがたです。報酬等審議会の会議は2回だけ、しかも非公開で合わせてたったの3時間、十分な議論を尽くしたとは到底言えません」

赤星市議の主張を応援するかのように、傍聴席から拍手と歓声が飛んだ。

「そうだ、そうだ！」
「ありえないだろ！」

赤星市議は反対の根拠として、議会改革が遅れていることを指摘した。

赤星市議「インターネットによる議会中継を検討しているとありますが、今や中核市で実施してないのは富山市だけ。県内でも富山市と舟橋村だけという状況になって久しいというのに。議会改革検討調査会では、4人未満の会派であることを理由に、共産党・社民党を排除して、議論にも参加させませんでした。そして、勝手に検討された結果、『現状どおり』という結果ばかりが出されてきたのです。全く何の改革もしないためにあるような名ばかり、いや看板に偽りありの議会改革検討調査会です」

「2014年6月の日本経済新聞掲載の、全国の地方議会の議会改革度調査では、全国の県庁所在地47の中で、富山市はダントツの最下位です」

「この年の議長は誰でしたか？　中川勇議長でしたね」

傍聴者「恥を知れ、恥を」

市田議長「傍聴人に申し上げます。傍聴人は議事について発言することはできません。なお命令に従わないときは地方自治法第130条の規定により退場を命じますので、念のため申し上げときます」

市田議長の叱責により、一旦中断したものの赤星市議の発言には鬼気迫るものがあった。終わると傍聴席から拍手が起きた。

市田議長「静粛に願います。傍聴人。先ほどから再三注意しております。静粛になさらない方は、次に退場を命じます」

一方、賛成討論を行ったのは、自民党の高田重信市議。会派の幹事長だ。

「我々議会は、厳正に報酬等審議会で審議されたことに敬意を表するとともに、その議案については、内容のいかんにかかわらずお受けするべきものであると考えます」

この発言に取材していた砂沢は驚いた。内容にかかわらず、審議会の意見を尊重すべきということだ。そして、これ以外の根拠は何ら提示しなかった。何と中身のない討論だろうか。責任を審議会に押し付けるかのようにも感じた。私たちは、議員報酬引き上げ問題を報じる際、少なからず審議会を批判してきた。そして今、市長のみならず賛成派の議員までも、唯一絶対の根拠として審議会の答申を持ち出した。非難の矛先が審議会に集中するかもしれない。砂沢には委員に選ばれた有識者たちが不憫(ふびん)に思えた。

討論が終わり迎えた採決。議長をのぞく37人が起立採決に臨んだ。

賛成34
自民26
公明4
民政4

市議会６月定例会．報酬引き上げに関する条例案は賛成多数で可決．６月15日．

反対３
共産２
社民１
欠席１
自民１
ほかに欠員１（社民市議の県議会への転出）

自民党をはじめとする議員の賛成多数で、月10万円の議員報酬引き上げ条例は可決された。

再び中川市議と対決

議場に飛び交う市民たちの怒号をよそに、中川市議が涼しい顔で廊下に出てきた。５日前と同じ位置で待ち受けていた五百旗頭は、ドンに再びマイクを向けた。

五百旗頭「中川さん、一言」

中川市議「何の一言?」

5日前と違ったのは、他社のカメラとマイクが群がって付いてきたことだ。

五百旗頭「正式に可決されましたけど、あらためて」

中川市議「それは……」

狭い廊下に10人以上の記者とカメラマンが入り乱れた。相棒のカメラマンは中川市議の背後にくっ付くことができたが、五百旗頭は2メートルほど後方に押し出されてしまった。

五百旗頭「止まりましょ。止まりましょ。止まりましょう」

中川市議「あとで会見しますので」

立ち止まる気はないようだ。中川市議の斜め後方の好位置に付けた記者もいたが、誰も声を発しない。五百旗頭は後方から必死にマイクを延ばして言葉をつないだ。

五百旗頭「それは議員報酬じゃなくて、取材妨害の件ですよね?」

中川市議「ええ」
五百旗頭「これは、可決の件でお話を伺いたいので」
中川市議「いや、それは今（議員の）皆さんが可決されたことですから、それ以上はないでしょう」
五百旗頭「市民が本当に納得すると、お思いですか？」
中川市議「それは、我々議会の議員が1人ずつ、ちゃんと使命を受けて出てきとる中で決定したことですから、これも重要な意見だと思います」

階段を下りて6階の廊下に出たところで、五百旗頭はカメラマンを追い越す形でようやく中川市議の右手に回り込んだ。

五百旗頭「継続審議というお考えはなかったんですか？」
中川市議「いや、それは提案されませんでしたから」
五百旗頭「これだけ批判が、批判の声が上がっている中で」
中川市議「……」

再び、乾いた音を立てて扉が閉まった。

市長は「制度論でのコメント」

その後、7階に戻ると、議場から出たところで森市長の囲み取材が行われていた。五百旗頭はずっと抱いていた疑問を市長にぶつけようと思い立ち、輪の中に加わった。

議会の要望に応じる形で第三者による審議会を開き、報酬引き上げの答申を受けた森市長。「月10万円の引き上げ」という答申通りに条例案を6月議会に提案したのは、他ならぬ市の当局だった。にもかかわらず、市長は「第三者からの答申について、私が良いとか悪いとか言う立場にない」「ああしろ、こうしろと議会に言える立場じゃない」と、制度論を盾に一貫してコメントを避けていた。

五百旗頭「市が審議会に諮問をしてですね。その審議会が答申しましたと。その答申に対して、市があらためて『やはりちょっと内容がおかしい』ということで変更するのは、制度上可能じゃないですか？」

森市長「制度上可能だけど、私の考え方としては、それはやっちゃいけないと思ってる」

五百旗頭「それはなぜですか？」

森市長「それは考え方です。私の首長としての考え方。仮にですよ、自分なりの意見があったとしても、それは申し上げるべきじゃないということです。（報酬等審議会は）暴走を止めるために作られている制度なんだから、その制度に則っていくと。（議員報酬が）上がろうが下がろうが、どうだろうが。我々がそれを守って行かなければいけない、という考え方を私はしているということです。それは一貫して言っているので」

森市長が一貫して発言してきたのは、「制度上、答える立場にない」という制度論であって、持論ではなかったはずだ。〝発言のすり替え〟ではないのか。

五百旗頭「（報酬等審議会から）答申を受けられたあとにですね。市長が制度上答える立場にないとおっしゃったんですけども、あくまでも市長のお考えで答える必要がないということだったわけですか?」

森市長「そうそう。そうです。それは考え方が違う市長がいるかもしれませんよ。人によっては、私だったら（報酬等審議会委員に）他の人を選んだ、という人がいるかもしれないけど、（市が）きちんと各種団体に要請をして上がってくる人ということですから。その中身については物を言うべきではないというのが考え方です。だから、なんとなく寡黙になっているというのは、そういう意味ですね。まあ行間を読んでください」

五百旗頭「報酬等審議会の経緯を踏まえて、やはり元々市と議会側が、結論ありきで動いたんじゃないかという懸念がありますけども」

森市長「全く違う。全く違う。そんな馬鹿なことするわけないじゃない。う〜ん、思いきって言うとだよ。本当は上げたくないという気持ちもあるわけだから、予算を編成する立場から言うと。だけど飲まなきゃいけないでしょ。議決されてしまえば。ちょっとルール違反みたいなこと言ったけど。具体的には言わないけど、まあ僕なりの意見はあるということです」

議決を飲まなければならないのは当然だが、議決される前に反論すればいいだけではないか。報酬を上げたくなかったのなら、6月市議会への条例案提出にこだわる必要はなかったのではないか。論戦の中ではいっさい語らずに、議決されたタイミングで「本当は上げたくなかった」と言うのは姑息ではないか。

投げかけるべき問いはまだあった。「本音はそうだけど公式には言えない」。そんなお決まりの答えが返ってきそうだが……。

五百旗頭は、会社で取材テープを見返して、これ以上質問できなかったことを悔やんだ。

取材妨害で中川市議が釈明

議員報酬引き上げ条例案が可決されたその日、自民党会派会長の中川市議が、女性記者のメモを奪ったことについて釈明会見を開いた。取材妨害疑惑が報じられてから、すでに5日が経っていた。会見場となった市議会棟の委員会室には報道陣30人以上が集まった。中川市議は予定時間よりも少し早く会見場に入ってきた。薄ら笑いを浮かべて居並ぶ記者たちを一瞥し、気のないお辞儀をして着席すると、悪びれる様子もなく事の経緯を説明し始めた。

中川市議「うちの村山（栄一）議員のところで女性記者がバインダーを持って話をしていたので、『何を聞いているんだ』と。『見せなさい』と。『いや、見せられません』と。『見せられないとはいったいどういうことだ。俺はここの会派の会長なんだぞ。だったら私に許可を得てやるのが普通でしょ。なぜ見せられないんだ』ということであります」

北日本新聞「右手をつかんで左手にあったバインダーのメモ用紙を無理やり力ずくで……」

中川市議「取ってったって？　ほぉ～」

北日本新聞「認められますか？」

中川市議「絶対認めません。この中で違法な取材をするんだったら、その書いたアンケートは置いていくべきだろうと。『このアンケート用紙は違法である。私の許可を取ってないから』。『返しなさい。回収する』ということで、その彼女からもらいました」

会派会長である自分の許可を得ていない取材は「違法」であり、メモ用紙は「奪ったのではなく回収した」と平然と言ってのけた中川市議。会見には、なぜか市議会事務局の久世浩局長が同席し、こんな説明をしていた。

久世局長「会派控え室というのは、いわば執務室のような部屋でございます。こういった部屋というのは、例えば当局側で言えば、市長室や副市長室と似たような性格の部屋と理解しております」

市議会事務局長を使ってまで論理破綻した主張を補強しようとする姿勢に、思わず熱くなってしまった五百旗頭は質問を畳み掛けた。

五百旗頭「中川さんにとっては不当な取材だったかもしれないですけど、控え室というのは市の物ですよね。決して違法ではないですよね？」

中川市議「ちょっと待ってください。それは議会事務局（から）、先に言って（答えて）ください。おたくの言い分だったら市長室でも誰でもズカズカ入っていっていいということになりますよ」

五百旗頭「いや、そういうことではなくて」

中川市議「いや違いますよ。いっしょですよ」

五百旗頭「違います。そもそも市民の代表として選ばれた市議がですね、各会派の代表の許可を取らないと取材に応じられないんですか？」

中川市議「いや、これは会派として総意の中でやっとる以上は、そうでしょう」

五百旗頭「それは自民党会派の言い分ですよね。なぜメモを奪ったら駄目かというと、そこには完全なる報道の自由の侵害があるからです。取材源の秘匿という問題もあります。それを第三者に見せることはできないわけです。そこの認識はあるんですか?」

中川市議「そうじゃなくて、ちょっと待たれよ(待ってください)。アンケートちゃ(とは)どういうこと? 同じことをみんなに聞くんでしょ?」

五百旗頭「それは、アンケートという形式を取っている取材ですよ。要は、そこはすり替えですよ。完全に」

中川市議「いや、あなたとは話が全然違いますから、話にならないわ」

五百旗頭「いやいや、こっちが話にならないです」

中川市議「そう思っているなら、それはそれで」

一旦、質問をやめると、五百旗頭は自己嫌悪に陥った。冷静さが求められるキャスターでありながら、頭に血がのぼって口げんかのような応酬をしてしまったことを恥じた。毛羽立った心を整えるには、しばらく時間が必要だった。20分近く質疑応答を眺めたあと、まだ聞くことができていない質問を投げかけた。

五百旗頭「今、こうやって中川さんはご自身の正当性を主張されていますが、それでしたら、先週の金曜日に北日本新聞が記事を出したあとに、私どもも取材しましたが、なぜそのタイミングでお答えにならなかったのですか？」

中川市議「いや、私は朝の新聞を見て、会派で『この対応をどうしますか？』と。それで役員の何人かに話したら、『これ議会中のことなので、会長、議会終わってからきちっと会見を開いてやるほうがいいでしょ』ということでしたから、ノーコメントをさせていただいたということです」

五百旗頭「私どもの取材に対して『（報酬引き上げの）議案に関わることだから答えられない』とおっしゃったんですけども、要は議案に関わる取材で今回の騒動が起こったわけじゃないですか。なおさらそのタイミングでご説明されるべきだったのではないですか？」

中川市議「だから、私も相談しましたよ。だけど会派の役員の方々は『いや会長、定例会終わってから、きちっとやられたほうがいいですよ』ということだから、それに沿って今日開いているということです」

この当時、中川市議は、自民党会派内で絶対的な権力を握っていた。ドンに対して物を言える議員などいなかったと、複数の自民党市議が証言している。

五百旗頭「あらためて伺いたいのですが、女性記者からアンケートを中川さんが取ったと？」

中川市議「取ってない」

五百旗頭「回収したというのは当たらないじゃないですか。元に戻すという意味ではないですから。中川さんは、その女性記者から要はアンケートを取ったわけですよね?」

中川市議「回収したんです」

五百旗頭「でも、元々中川さんが持っている物を中川さんが取り戻すのは〝回収〟ですけども。違いますよね」

中川市議「いや、違う」

五百旗頭「元々、北日本新聞が持っている物なので、回収ではないじゃないですか」

中川市議「いや、違うんですよ」

五百旗頭「仮に回収したとしましょう。その行為は、報道の自由もしくは知る権利の侵害には当たらないというお考えですか?」

中川市議「いや、当たらないと思いますよ」

五百旗頭「それはなぜですか?」

中川市議「なぜ当たるんですか?」

結局、最後までかみ合わなかった。この日の『ニュース6』で、そのやりとりの一部始終がそのまま放送された。

第2章　ドンの不正を暴く

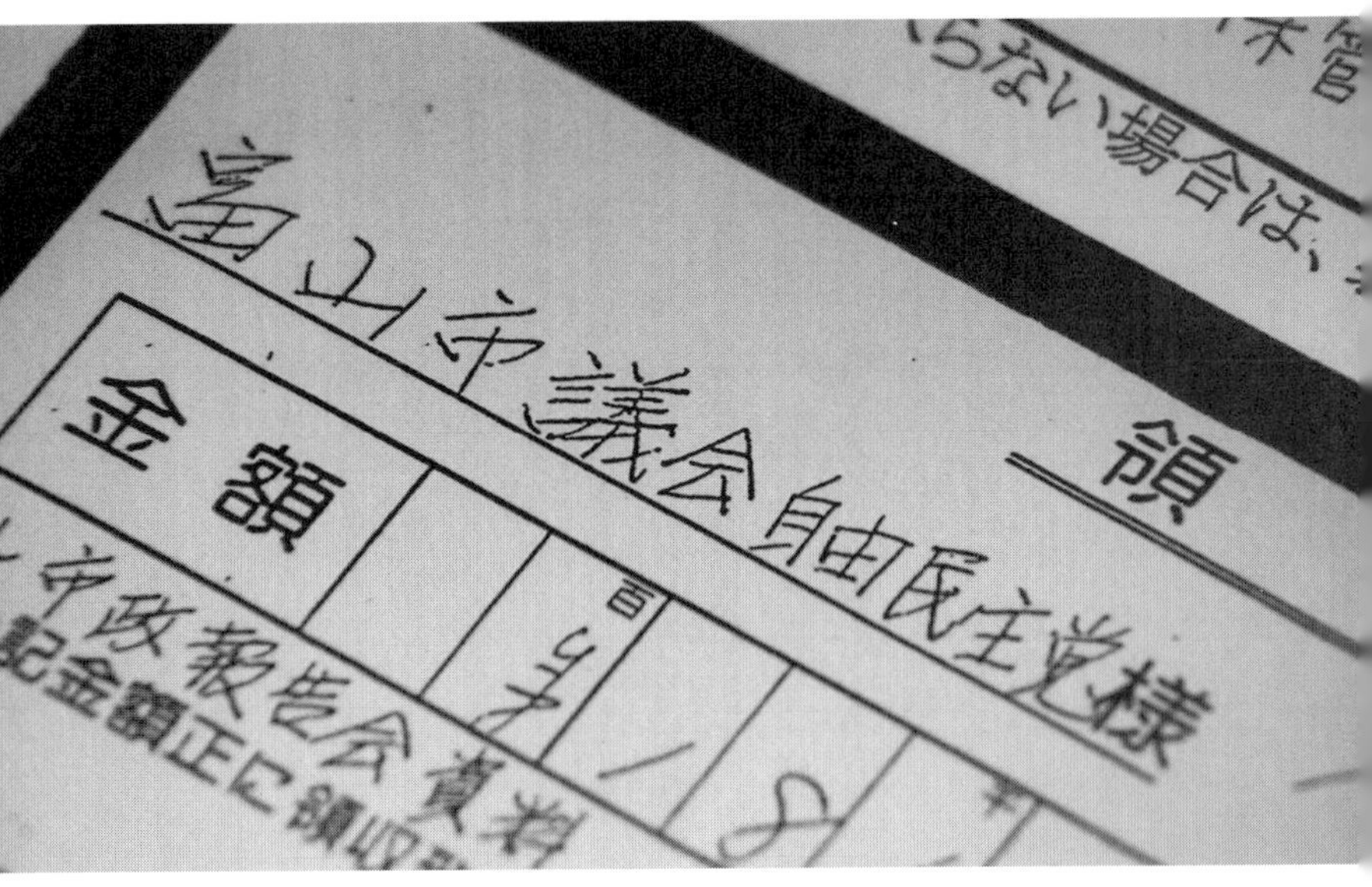

領収証の宛名はすべて会派名．誰が使ったかわからない(48頁)．

もうひとつの情報公開請求の葛藤

議員報酬の引き上げ条例が可決されてから、およそ1か月たった7月12日、富山市議会の議会事務局から砂沢に1本の電話が入った。

「開示請求のあった資料について、公開が決定し、準備ができました」

それは、市議会議員全員分の政務活動費の支出伝票を公開する準備が整ったという連絡だ。実は5月31日、砂沢は報酬等審議会の議事録とともに、過去3年分の政務活動費の支出伝票の開示請求を行っていた。目的は、議員たちが何にお金を使っているのか知るためだ。議員報酬引き上げ問題の取材の中で、「政務活動費」という言葉はたびたび聞かれた。富山市議会では議員1人につき、月額15万円の政務活動費が会派に支給される。「政務活動費」は議員たちの調査や研究、その他の活動に必要な経費の一部として、地方自治体が交付するものだ。報酬問題の取材の中で、議員たちの多くが、生活が苦しいとこぼした。支援者に送る弔電・祝電などの電報や香典、政党へ納める党費など、様々な出費があるという。しかし、議員たちには「第二の報酬」とも言われる「政務活動費」も支給されている。本当に生活は苦しいのか？　議員たちは何にお金を使っているのか？　それを確かめるために行ったのが情報公開請求だったが、まさかこの情報公開請求が議員の不正を暴くことになろうとは、この時は思いもしなかった。

情報公開請求が議員に漏れているのではという不安が……

話は、砂沢が情報公開請求を行った5月31日にさかのぼる。

情報公開請求の窓口は、富山市役所5階の行政管理課だ。その部屋の隣には、記者が常駐する富山市政記者クラブがある。砂沢は、あたりをうかがい、他の記者がいないことを確認してから請求の手続きを始めた。

他の記者に何を調べているのか勘付かれないためだ。富山市の情報公開制度では、請求から開示決定まで最大で15日かかる。速報性が命のニュース取材には向かない。つまり、わざわざそれをするということは、大きなネタを追っている可能性があるのだ。記者たちは他社の動きに敏感なので、目立たないように手続きを進めた。

手続きの中で、ふと疑問が浮かんだ。資料の請求先が「富山市議会」となっている点だ。ほどなく、手続きの途中で議会事務局の職員がやってきた。

「請求の目的はどんなことでしょうか?」

事務局の職員は、不慣れな様子で質問してきた。あまり問い合わせがないのだろうか?

「政務活動費が何に使われているのか知りたいと思いまして」砂沢は率直に答えた。

請求先の富山市議会のトップは議長で、自民党会派の市田龍一市議が務めている。

ということは、請求した事実は自民党会派の議員に伝わるんだなと何となく思った。

手続きが終わり、しばらくたったある日、議会事務局から電話があった。請求した資料の枚数が膨大だという。1年分で5000枚近く。そして、コピーするには1枚10円がかかると説明を受けた。このとき請求していたのは、2013年度からの3年分なので、全部で15万円ほどのコピー代がかかる計算だ。この金額になると、上司の許可が必要になる。事務局の職員に、コピーをもらうかどうか、あらためて返事する旨を伝えて電話を終えた。

コピー代が高額になることを最初に相談した相手は、デスクの宮城克文だ。宮城は政治記者を10年以上担当し、この年からニュースの司令塔としてデスクとなった先輩だ。

議員報酬問題からともに、富山市議会を追い続けていた。

「とりあえずコピーもらう方向でいいんじゃない。部長に相談してみよう」

宮城の後押しがあり、報道部長の中村はコピー代の支出を快く認めてくれた。ただし、砂沢と宮城にはプレッシャーも付いてきた。経費を使うからには、放送につなげなければならない。資料が手元に届かぬうちから、どんな論点が考えられるか、頭の中ではシミュレーションが始まっていた。

2013年度分・4300枚を入手

7月12日、夏の参院選が終わり、チューリップテレビの報道制作局には一段落のムードが漂っていた。そんな中、砂沢に議会事務局から連絡が入った。

「請求されていた資料の準備ができました。いつ取りに来られますか？」

このとき砂沢は、目の前の取材をこなすことで精いっぱいで、資料を請求したことを忘れていた。そのため特にあわてることもせず、スケジュールの空いていた3日後に受け取りに行くと伝えた。ゆっくり調べればいいかと思っていたのだ。

7月15日。取材の合間を縫って、砂沢は富山市役所に資料を受け取りに向かった。

請求の手続きをしてからすでに1か月半が経過している。

持ち帰ったのは、2013年度分の伝票約4300枚。両手で押す台車の上には、ダンボール3箱が載っていた。箱から取り出し、束を机の上に積んだ。議員全員分で8つの束があり、いずれも1束あたり伝票数百枚が紐で結んである。領収証のほかに、視察の資料や議員たちが作成した印刷物のコピーなどもある。膨大な量だと分かっていたとはいえ、いざ目の当たりにすると、積まれたその束の高さに呆然とした。

「これ、本当に全部見るのか？」

「でも、経費もかかっているからな」

手を引きたい気持ちに駆られた。デスクの宮城はダンボール箱を見ると、砂沢の気持ちを見越してか、「一緒に見ていこうか！」と前向きな言葉をかけた。

「やるしかない」

宮城と砂沢は自分たちに言い聞かせた。

議員名のない領収証、難航する作業

領収証のチェックは宮城と砂沢の2人で夜な夜な行われた。日中は当日のニュース取材で手が回らなかったし、そもそもこの作業がどんなニュースとなり放送できるか道筋も見えないので、チェックのためだけに時間をもらうこともできなかった。作業を開始するのは毎晩8時。他の記者が翌日の準備をしたり、帰宅する中、宮城と砂沢が向かい合って、お互いに領収証の束をめくる。だが、こんな作業は2人とも初めてだ。ポイントが分からない。しかも、領収証の宛名は全て会派名のみの記載となっていて、誰の領収証なのか分からない。税金であるにもかかわらず、わざと使われ方が分からないようにしてあるのでは、と感じた。先の見えない単調な作業、しかも全容は不明。2人はお互い気づいた点を教えあいながら作業を続けた。

めくっていくうちに、政務活動費がどんな名目で使われているのか、傾向などが分かるようになってきた。「広報費」や「資料作成費」など、条例で定められた費目の理解も進んだ。インターネットから、富山市議会の政務活動費の運用指針を印刷してきて、領収証と照らし合わせてチェックを続ける。

支出伝票をチェック．

支出伝票に慣れてくると、いくつも疑わしいものが見つかるようになった。

「印刷代って、こんなに高額かな?」
「こんなに頻繁にお菓子買う?」
「市政報告会ってこんなに頻繁に開くものかな?」
「国会議員の選挙期間中の演説会でもあるまいし、市議会議員の集会に300人も集まる?」
「この領収証の字は、ほかの会社の領収証の字と同じじゃない?」

などなど、見れば見るほど不審な点が出てくる。支出伝票チェック用のノートをつくり、気づいたことを書き込んでいった。

しかし、支出伝票を見て不審に思った点を直接議員に指摘しても、否定されればそれまでだ。それに、業者を問い詰めても、議員と通じていた場合は本当のことを言うわけがない。しかも、すぐに議員に連絡が行き、隠蔽工作をされかねない。

「否定できないような、動かぬ証拠がないものか……」

言い訳のしようがないぐらい確かな証拠を見つけようと、宮城と砂沢は連日夜遅くまで支出伝票のチェックを行い、何度も何度も見返した。

深夜、誰もいない報道フロアで、2人で伝票をめくっていても、その時々で感情の起伏があるものだ。虚しい思いに襲われることもある。宮城は愚痴をこぼした。

「このところ家族ともほとんど話していない」

「趣味の時間もとってないな」

「録りだめたテレビ番組も、放置状態」

苛立つこともある。

「なんだよ。みんな早く帰っちまって」

「『手伝おうか』の一言ぐらいあってもいいじゃないか」

しかし、不思議とこうした感情も、モチベーションに変えられるものだ。

「今、自分たちが取り組んでいることには大義があるはずだ」

宮城は砂沢にむかって赤提灯の飲み屋よろしく、熱弁をふるった。

最近の富山県内の地方選挙の投票率をみると、全体で40パーセント台から50パーセント台。20代や30代に限ってみると、20パーセント台から30パーセント台という有様だ。政治が、一部の年代・職業の人を除いて縁遠いものとなっている。民主主義が健全に機能していると言っていいのだろうか。そうなるのは、どうしてだろう？　若い人たちが今の政治に満足しているから？　関心がないから？　それとも呆れているから？

地方議会が開かれても、傍聴に行く人もほとんどいない。私たちが街で取材し、有権者にマイクを向けてみても、周りの人たちに聞いても、地方議会が何をしているか知っている人は少ない。当然ながら、先の議員報酬引き上げの経緯を知っている人も、決して多くはない。

しかし、政治に関心のない人たちでも、何かしら身の周りの制度や仕組みに不満や不安は持っているように思う。地方政治は、有効に機能しているのだろうか。政治と有権者の関係は、今のままで適正だと言えるのだろうか。

結論が出ない話だが、いずれにしても、このままでいいはずがない。

「自分たちが今取り組んでいることには大義がある」

それが、折れそうな宮城の心をわずかに支えていた。

情報収集

機械的に伝票と格闘していても、攻め所を定められないまま時間ばかり経過してしまう。そこでデスクの宮城は並行して、情報収集に力を入れることにした。

幸いにして携帯電話の電話帳には、国会議員や地方議員、秘書や後援会関係者、公務員など、数多くの政治・行政関係者の携帯電話の番号が登録されている。その中から、富山市議会の情報にあかるく、かつ、口が固くて、つきあいの長い信用のできる人を選んでは、こちらの本当の狙いを明かさぬように、慎重に情報交換を進めた。

「議員報酬の件ですけど、どう思っていらっしゃるんですか?」

「議会の透明度を高める必要があると思うんですが、富山市議会の現状をどう思います?」など、こちらから政務活動費の話を切り出さずに、会話の中からヒントを探った。

また、時間をみつけては、「ご機嫌伺い」を装って関係者を訪問し、茶飲み話をした。

「いやー。その後、どうしていらっしゃるかなーと思いまして」

「近くまで来たものですから、寄ってみました」などと雑談をしながら、会話の中に政務活動費の話も少し織り交ぜ、顔色をさぐった。

もちろん、そんなことをしてすぐに「こんな情報があるんだけど……」と特ダネが飛び込んでくるわけがない。

しかし、情報公開請求をしてしまった以上、もしこちらの情報が筒抜けになっているとしたら、早く次の手を打たなければ、むこうの隠蔽工作が進んでしまうおそれがある。こちらも必死だった。日夜、支出伝票のチェックを続けながら情報収集に汗をかいた。

中川市議不正の有力情報

7月下旬のある日、宮城の携帯電話が鳴った。

「先日は、電話をもらったのに何のお役にも立てず、失礼しました」

つい先日、携帯電話で意見交換していたある人物だ。

その人とは、10年以上前からの知り合いだ。携帯電話の番号も交換していたが、それほど深いつきあいでもなく、会えば簡単な挨拶をかわす程度だった。しかし、政務活動費の支出伝票を入手したころ、宮城の方から電話をかけてみた。

「チューリップテレビとしては、議会がより民主的で透明性の高い、有権者と信頼関係で結ばれたものになるよう、取材・報道を続けたいと思っているんです。なので、何か情報や助言があれば、ぜひ頂戴したいんです」と、協力を求めて電話を切った。

それから10日ほど経ったころだ。携帯電話の向こうで、その人は、「きょうは、一つ情報提供があります」と言う。その情報とは、こういうものだった。

「自民党の中川勇富山市議が、白紙の領収証を使って、政務活動費をごまかしているという噂があります」

左手に携帯電話を持ち、右手でメモをとりながら、おもわず背筋が伸びた。中川勇市議と言えば、富山市議会自民党会派の会長で、これまでに議長や自民党富山市連の幹事長を歴任した大物議員だ。議員報酬の引き上げを主導した人物でもある。

「これは、超一級の情報だ」すぐにそう感じた。

宮城はこのことをしばらくの間、砂沢以外には話さないことにした。彼と2人で情報を整理した上で上司に報告すべきと考えたからだ。通常のデスク業務をこなしながら、砂沢が戻ってくるのを待った。

たまたま取材の合間に砂沢がデスク席付近に来た。宮城は小さな声で耳打ちした。

「きょうの夜、やりたいことがある。ひょっとすると事態が動くかもしれない」

その夜、宮城と砂沢はあらためて政務活動費の支出伝票の束と向き合った。

その時点で、チューリップテレビが入手していたのは、2013年度分の約4300枚。もうすでに何度も点検していたが、あらためて1枚ずつ見返した。

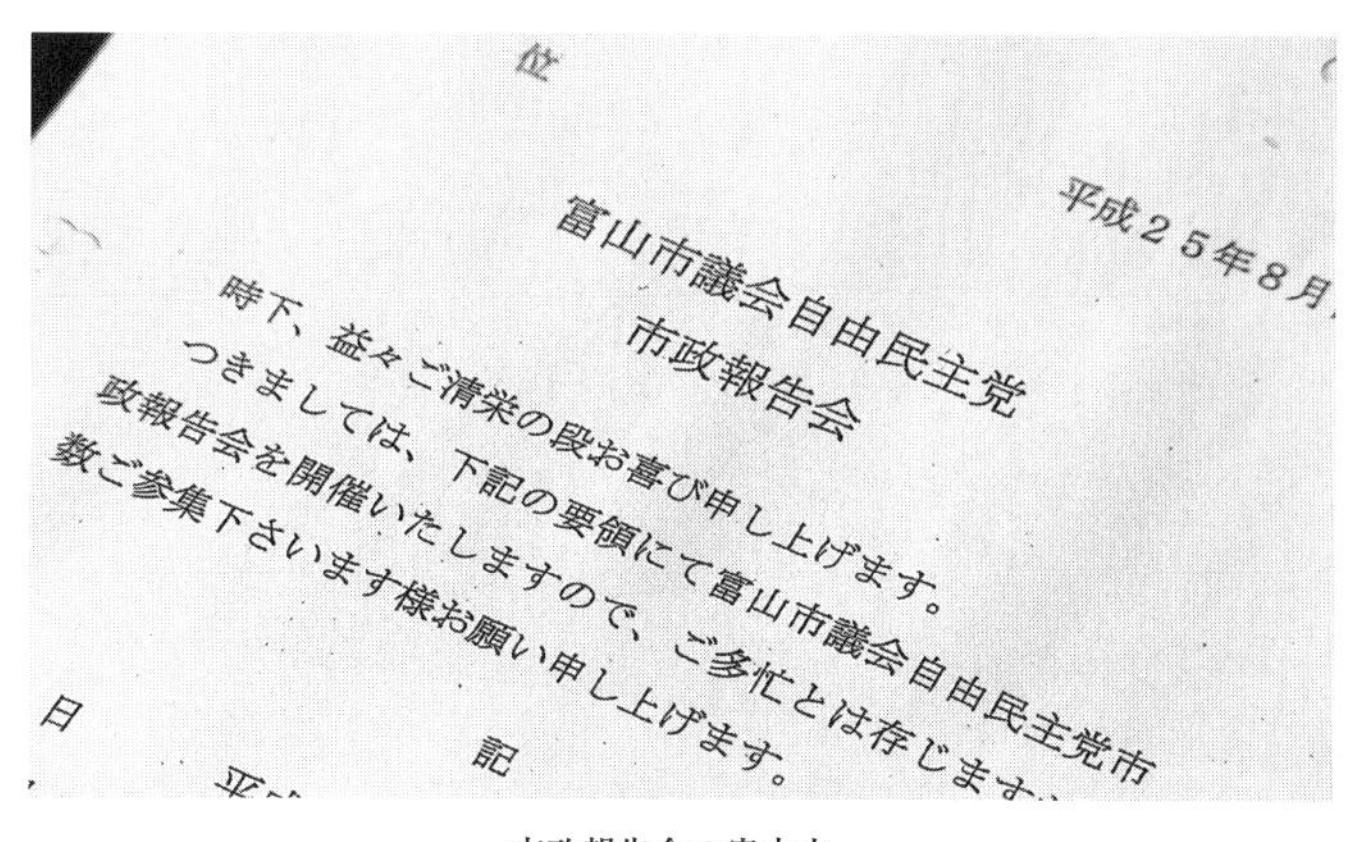
位

平成２５年８月

富山市議会自由民主党

市政報告会

時下、益々ご清栄の段お喜び申し上げます。

つきましては、下記の要領にて富山市議会自由民主党市

政報告会を開催いたしますので、ご多忙とは存じます

数ご参集下さいます様お願い申し上げます。

記

日

市政報告会の案内文.

中川市議不正の証拠探しに着手

情報公開請求で取り寄せていた資料は、大きく分けると2種類あった。会派ごとにA4用紙1枚にまとめられた収支報告書と、証拠書類と呼ばれる関連資料だ。

証拠書類には、領収証や視察の報告書、作成した印刷物の完成品などが含まれる。収支報告書によると、２０１３年度自民党に交付された政務活動費の総額は５５５０万円。自民党会派はそれを全て使い切っている。この中の「広報費」の金額が目を引いた。他の費目に比べ抜きん出て高いのだ。その額は、およそ２２８６万円あまり。全体の4割を超えていた。「広報費」には、住民に配る広報誌の印刷代や住民への報告会の会場代などがある。領収証を点検すると、確かに印刷会社の領収証が多い。中川市議が不正に使ったと聞いたのも、印刷代の領収証。ま

ずは、中川市議が印刷代を請求した領収証を探した。富山市議会の場合、政務活動費を支出する際に使う伝票に、議員の名前を書く必要はない。領収証の宛名も会派名しか書かれていない。中川市議の領収証を特定するためには、添付された関連資料も1枚1枚目を通し、ヒントを探すしかなかった。点検する中で、網にひっかかったのは「市政報告会」の案内文だ。案内文には、講師の名前が書かれていた。

講師　富山市議会議員　中川　勇

見つけた！

支出伝票には、市内の印刷会社の領収証が貼ってある。金額は21万7000円。但し書きには、「市政報告会　資料コピー代350部」とあった。1部当たりの単価は620円。住民に配る資料としては金がかかってるな、と砂沢は感じた。2013年度の自民党の領収証の中には、同じ印刷会社のものがいくつも見つかった。見比べると、3種類の筆跡があった。つまり、領収証を書いた人物は、全部で3人いると考えられる。並行して議会関係者から情報を集めていた私たちは、三つのうちの筆跡の一つが自民党関係者のものだと突き止めた。

ただし、これだけでは不正の証拠としては弱い。何かないか。手がかりを探した。

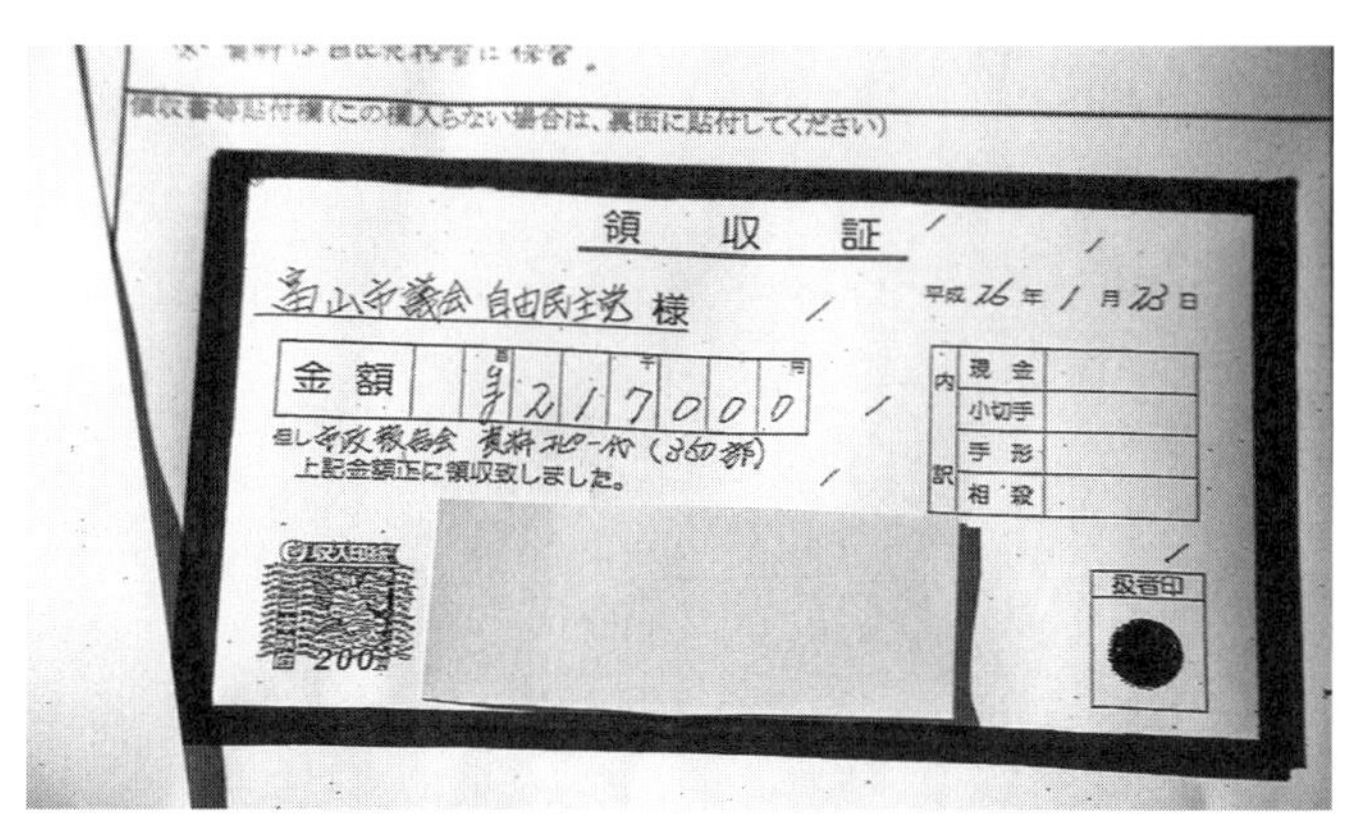

領収書等貼付欄（この欄入らない場合は、裏面に貼付してください）

領　収　証

富山市議会 自由民主党 様

平成26年1月28日

金額

但し市政報告会 資料コピー代（350部）

上記金額正に領収致しました。

内訳：現金／小切手／手形／相殺

扱者印

中川勇市議が提出した領収証．資料350部を印刷した名目．

実は、支出伝票を見始めたころから中川市議の印刷代は気になっていた。市政報告会を開催し、出席者に配布する資料の印刷代として、政務活動費を受け取ったというものがいくつも目にとまっていたのだ。

印刷会社の領収証は、宛名が「富山市議会自由民主党」となっているが、決まって市政報告会の案内文が添えられていて、そこには、「講師・中川勇」と書かれている。

しかし、不審な点があった。まず、あまりにも市政報告会の開催回数が頻繁で、しかも印刷部数が多い。多い時には毎月のように開催されたことになっていて、1回の開催分で最大350部も資料を印刷している。それに、ほかの議員は会場代や茶菓子代とセットで申請しているのに、中川市議は印刷代の伝票のみというケースがほとんどだ。

2013年度の市政報告会のうち、案内文に「講師・中川勇」と書かれていたものは、8件あった。受け取った政務活動費の額をあわせると、100万円を超える。いずれも、領収証は、富山市内の特定の印刷会社のものだ。

さあ、どうする。現時点でとりうる方法は2つある。

1つは、印刷会社に取材をすること。もう1つは市政報告会の会場に取材をすることだ。市政報告会の会場は、市立公民館が1か所で4件、地域の自治会で運営する公民館が3か所で1件ずつ。ほかに、民間企業の会議室と書かれたものが1件あった。これら全てにあたりをつければ、1か所ぐらいは事実を話してくれるかもしれない。

だが、1か所でも中川市議と通じている所があれば、こちらの動きが筒抜けになる。早く動かなければ隠蔽が進むおそれがあるし、証拠が不十分なまま下手に動けば、今までやってきたことがすべて無駄になる。難しい判断だ。どうやって外堀を埋めるか。その手段を決めかねていた。

このころになると、取材に協力してくれる人が出始めていた。

7月末。そのうちの1人が、ある情報をくれた。

「市立の公民館は、使用する際には使用申請書を出さなければならない」

「これは条例に基づく公文書で、たとえ議員であろうと、この申請書なしでは、市立公民館を使用できない」

つまり、公立公民館の場合、使用実績が公文書で残っているということだ。そこで、今度は、市立公民館を所管する市教育委員会に対し、公民館の使用申請書を情報公開請求してはどうかと考えた。

公民館の取材へ

中川市議が市政報告会を開いたとしていたのは、地区センターを併設した市立公民館だ。地区センターというのは、市の出先機関として、婚姻届を提出したり、国民年金の手続きをしたりなどの市民サービスを行っている。中川市議の領収証にあった、東部地区センターもその一つだ。情報公開制度を使えば、使用した履歴が分かるのだが、宮城と砂沢は中々踏み切れなかった。その時点で中川市議をターゲットにしていることが本人の耳に入る可能性があるからだ。このネタは、調べていることが本人に知られたらアウトだ。おそらく印刷会社とグルになって証拠を処分するなど、対策を打たれるだろう。それどころか、恨みを買って、今後様々な圧力をかけられるかもしれない。それが怖かった。どうにかして、こちらの動きがばれずに、東部地区センターの使用履歴が確認できないものだろうか？　悩んだ末に自分たちを奮い立たせ、やるべきことを決めた。

①教育委員会に情報公開請求し、使用履歴を入手する
②東部地区センター（東部公民館）がどんな施設か取材する

③印刷会社に事実を確認する
④中川市議本人を直撃取材する

あとは計画を実行するのみだ。

開いていなかった市政報告会

7月29日、砂沢は再び市役所の情報公開窓口を訪ねた。教育委員会に情報公開請求するためだ。この行動が命取りになるかもしれない。以前、請求した政務活動費の領収証は全ての議員のものだったが、今回は東部地区センター（東部公民館）に絞った請求だ。議会関係者から情報を引き出す中で、チューリップテレビが市議の政務活動費を調べていることは、すでに市議たちに知れ渡っている。2つの情報をあわせれば、中川市議を取材ターゲットに据えたことが分かってしまうだろう。手続きを終えた砂沢は、対応した担当者に確認した。

「この情報を請求したことは、どこまで伝わりますか？」

担当者は一瞬、身構えるような反応をした。そして慎重に言葉を選ぶように答えた。

「私たちの部署と請求先の決裁権者以外には、基本的に伝わりません」

この言葉が本当なら、市議や議会事務局には情報は伝わらないはず。鵜呑みにはできないが、言質を取る意味でも確認しておいて損はないはずだ。

今回請求するのは、2013年度分の市立東部公民館の使用申請書のうち、中川市議の市政報告会の案内文に書かれていた日のものだ。後日、中川市議本人に取材する時に「印刷ミスで1日ずれていた」などと言い逃れさせないため、念のため前後1日分も含めて請求した。条例により、情報開示の決定は、請求から最大15日以内に届くとされている。教育委員会からの開示決定は、期限間際の8月12日になされた。

市役所で書類を受け取り、車の中ですぐに中身を見た。中川市議が東部公民館で開いたとする3回の報告会の使用履歴は、どう書かれているのか。

開かれた日は、2014年1月26日(日)、同2月22日(土)、同3月15日(土)だ。

この3日間に、東部公民館を使用したのは、社交ダンスサークルや絵画教室、町内会の会合などだった。その中には、中川市議の市政報告会の申請書はない。砂沢は報告会の前後1日分についても、申請書を確認したが、やはりなかった。

砂沢が持ち帰った開示資料を見た宮城は、疑いが確信に変わったと感じた。

「やはり彼は市政報告会を開いていない」

登れど登れど見えなかった山頂が、雲の彼方におぼろげに見えたような気がした。

ただ、情報公開請求に踏み切る時以来の頭痛の種は、解消されたわけではない。むしろ、ますます大きくなっている。

もっとも心配されるのは、議員たちによる圧力だ。これまで、もっぱら砂沢記者と2人で密かに内偵取材を進めてきたが、これからは、組織的に動く必要がある。本当に踏み切っていいか、局長の服部に相談した。

「実は、こういう情報がありまして……」

服部の答えは、「思い切りやれ」というものだった。追及する相手は現役の市議、しかも指折りの実力者だ。やり方を間違えれば、名誉毀損で訴えられることも有りうる。リスクが大きい。しかし、服部は何の迷いもなく、むしろ2人を鼓舞するように、取材をさらに進めるよう指示した。

宮城は、心配していることを重ねて聞いた。

「この話をさらに先に進めると、不利益を受けることもあるかもしれません……」

「全くない。そんなこと心配するな」

宮城はこの言葉で気持ちが軽くなった。ここで、もし後ろ向きなことを言われていたら、今まで進めてきたことも表に出せないままフェードアウトしていったかもしれない。

宮城はデスクとしてただちに具体的な取材プランづくりに着手した。取材先を決め、隠蔽工作の時間を与えないため、短期間に複数人で一斉にあたることにした。

取材は2日間で決着させることにし、1日目は、会場とされた東部公民館を取材し、所長のインタビューをとり、館内の映像を録ることにした。2日目は、中川市議本人と、印刷会社だ。さらに、市政報告会があったはずの日に公民館に使用申請を出していた人物もつきとめ、インタビューすることにした。「その日のその時刻に、そこには中川市議はいなかった」という証言をもらうためだ。

8月16日、砂沢が富山市立東部公民館を取材した。

参加人数と会場の収容キャパの矛盾

8月16日、県内はリオデジャネイロオリンピックのムードが漂っていた。数日前、リオで富山県出身の女子柔道の、田知本遥選手が県勢初の金メダルを獲得したためだ。また、明日は、女子レスリングに、同じく県出身の登坂絵莉選手が出場する。登坂選手もメダル獲得が有望視されていて、報道フロアでは取材体制の打ち合わせなどが頻繁に行われていた。そんな五輪ムードをよそに、政務活動費取材担当の記者たちは独自に東部公民館の取材を進めることにした。この日のデスクは宮城。当日のニュースの責任者のため、現場には行けない。砂沢はカメラマンと2人で東部公民館に向かった。車内でカメラマンに取材内容を説明する。

「まずは、建物の外観と内部を撮影してください。このニュースで伝えたいのは、建物の広さと収容人数です」

中川市議が報告会のために作ったとする資料の数は、多い時で350部。少なくとも200人は収容できる会場でないと、つじつまが合わない。まずは、この点を検証する。

「それと、地区センターの所長とのやりとりを撮影したいです」

テレビのニュースには、映像があるかないかが重要だ。重要な人物が話してくれても、その映像がないと説得力が弱くなる。

今回取材するのは、中川市議のいわば「ホーム」となる公民館だ。そこで働くスタッフは中川市議との関係が近いと思っておいたほうが良い。こちらの取材意図が伝われば、所長は撮影を嫌がるかもしれない。さて、どうやって話を切り出そうか？　考えた挙句、妙案が思いつかず、カメラマンに気配を極力消してもらいながら、自然な雰囲気の中でインタビューすることにした。要は、拒否されない限り、撮り続けるということだ。あとは、出たとこ勝負である。2人でシミュレーションをしながら、まずは公民館を車でぐるりと一周、下見を兼ねつつ気持ちを落ち着かせる。幸い、私たちのほかに住民などが来ている様子もなかったので、さっそく取材を開始した。

公民館の受付も兼ねている、地区センターの窓口を訪ねた。

「公民館の撮影をしたいのですが」

事前に撮影はお願いしてある。すぐに所長がやってきた。建物の中で一番大きな部屋である大研修室を案内してもらう。床は板張りで、社交ダンスのサークルはこの部屋で活動しているという。カメラマンに部屋の撮影をお願いし、砂沢は所長に話を聞くことにした。

東部公民館にはこの部屋のほかに、2階に和室があるということだ。住民に貸し出しているのは主にこの2部屋で、その他には地域のミニ図書館が併設されているという。報告会の会場となりうるのは、撮影中の大研修室と2階の和室だ。大研修室の撮影が終わるのを見計らって、砂沢は所長に本題をぶつけた。「所長、このホールには何人くらい収容できますか？」カメラマンもそっとカメラをまわし始める。この時点では、所長にインタビューの許可はもらっていない。「キッキッで詰めれば１００人くらい入れるかな」と前置きし、「地域のイベントで70人を超えて使ったことはありません」と答えてくれた。

このコメントが撮れたことは大きい。正に、証言そのものだ。そして、所長は撮影を咎めなかった。この流れで核心まで聞いてしまおうと砂沢は決めた。

砂沢「所長、こちらで中川市議の市政報告会が開かれたことはありますか？」

所長「いや、ないです」

砂沢は中川市議の作成した案内文を見せながら、所長に聞いた。所長は、自分の知る限り、市政報告会の名目で、公民館が使われたことはないと言った。所長は5年前からここで働いている。その間、市政報告会の申請はなかったと答えた。さらに、

「市政報告会というのは政治活動ですよね。政治活動ではこの公民館は使えない」

富山市の条例によると、政治活動や営業行為では市立公民館は使用できない。所長の説明では、

中川市議個人の報告会は政治活動にあたる可能性があり、公民館の使用は認められないのではないかということだった。2階の和室について聞くと、収容人数は20人程度とのこと。やはり、この公民館では100人規模の報告会は開かれていないと確信した。

撮影が終わり、砂沢は裏取りに取り掛かった。2月の報告会については、同じ日時にこの公民館で町内会の役員会が開かれている。もしも中川市議がそれを「市政報告会だった」と言った場合に、それを突き崩す証言が必要になる。砂沢は、真実を知る当時の町内会長のアポをとりつけることに成功した。残すは、中川市議本人を直撃するだけだ。

第3章 X デー

富山市議会議場.

朝6時、中川市議の自宅で張り込み

8月18日。その日は、リオデジャネイロオリンピックの女子レスリングで地元・富山県出身の登坂絵莉選手が登場する日だ。日本時間の早朝、決勝戦が行われ、登坂選手は見事な逆転勝ちで金メダルを獲得した。

優勝の余韻が冷めやらぬ中、砂沢と宮城は、朝6時から、中川市議の自宅前で張り込みを開始した。うろうろしていては怪しまれるため、取材車を近くに停め、車内に待機した。

5月から6月にかけての議員報酬をめぐる取材・報道で、すでにチューリップテレビと中川市議の関係は、張り詰めた状態となっていた。自宅の呼び鈴を鳴らしても取り次いでもらえないのではないかと考え、彼が玄関から出てきて車に乗り込むまでの間に質問をぶつけることにした。

中川市議の自宅は大通りに面していて、近くに隠れるところもなく、早朝から大掛かりな機材や人数がうろうろしていると、あまりにも目立つためだ。この日は、極力目立たないようにと、小さなカメラで宮城が撮影し、砂沢が質問することにした。

朝6時、まだ車の往来は少ない。2人は、車中で彼が出てくるのを見張った。自宅にはすでに明かりが点いていた。スポーツ振興に熱心な中川市議はオリンピックをずっと見ていたのだろうか。であれば、いつ玄関から出てくるか分からない。外出する場合もあれば、ゴミを出すために外に出る場合もある。散歩に出かける可能性もある。市議が玄関の扉を開けたら、こちらも飛び出す。2人でそう決めていた。

砂沢は、質問をぶつけたときの市議の反応をあれこれ考えていた。このころ、市議のマスコミに対する反応は冷ややかだった。議員報酬の引き上げや、女性記者から力ずくで取材メモを奪った一件以来、呼びかけても無視されることが多かった。私たちにとって一番困るのは、この無視されるパターンだ。問いかけに対し、何らかの反応を示してくれれば、それを市議のスタンスとして、ニュースで放送できる。無視された場合は「何も答えなかった」という事実を伝えるのに留まってしまう。これでは弱い。無視するのか、怒り出すのか、相手にもされないのか……。

車内で張り込みながら、宮城も考えていた。玄関から車庫までの距離は、約10メートル。普通に歩けば、車に乗り込むまでに1分もかからない。彼が足をとめずに車に乗り込むとすると、ぶつけられる質問は2つまでだろう。

車内で待つこと2時間。中川市議は、なかなか出てこない。時折「不在か?」と不安になり、歩いて家の周辺をまわって確認しては、また車内に戻るのを繰り返した。

車内にいる間は、急に市議が家から出て来たらすぐに出ていけるように、右手にハンディカムを持ち、左手を車のドアノブにかけたままの状態で待機した。

ハンディカムは、スイッチを入れても録画できるようになるまで数秒かかるため、大事な直撃開始の瞬間を撮り逃さないよう、スイッチ・オンの状態のままにした。

車のエンジンをかけていると音が市議の家の中や周囲にも聞こえると考え、車のエンジンは停止したままだ。8月18日は、早朝とはいえ、かなり暑かった。暑いのと酸素不足とですぐに息苦しくなり、窓を少し開けて再びエンジンを切った。それでも2人とも呼吸が荒い。緊張感はピークに達していた。

そのうち、近所の人から不審がられ、「何してるの?」と話しかけられるようになった。もう8時だ。2時間も車を停めておいたら、さすがに怪しまれる。そこで、作戦を変更し、玄関の呼鈴を鳴らすことにした。

8時15分、砂沢はおそるおそる呼び鈴を鳴らした。出てきたのは中川市議の妻だ。

「中川先生はいらっしゃいますでしょうか?」

「場所が違うだけで報告会は開いた」

砂沢は普段、議員相手に「先生」とは言わない。それは、議員に対しても取材相手として対等

中川勇市議に直撃取材．8月18日．

に接するべきだからだ。報道機関は視聴者や読者の代表であるから、取材で遠慮してはいけない。しかし、この時はつい口から出てしまった。思わず不安が口からこぼれたのだ。妻が呼びにいくと、甚平姿の中川市議が奥からやってきた。早朝に訪れたことを詫びたあと、砂沢は挨拶も早々に本題を切り出した。

「東部地区センターでの市政報告会なのですが、申請された形跡がなかったのですが？」

多分、聞き方としては、当たり障りのない話題から始め、相手の緊張や警戒を緩ませるべきなのだろう。しかし、砂沢はそういった駆け引きが元々苦手だ。いつも、本題から話し始めてしまう。この時も、核心にいきなり踏み込んだ。

「これね。場所が変わっただけの話で。それは必ずやっていますので」

中川市議の答えは明快だった。東部公民館では開

いていない。しかし、会場を変えて開いたというものだ。2月と3月に開いたとする報告会についても聞いた。すると、

「2月22日は交通安全協会のなんだけど、この場所はあそこに変わっている」

「3月15日は毎年学校でやっていたんだけれど、この年は学校を取り壊していたので。最終的にはそこの魚屋さんの2階でやっています」

中川市議はこの2回についても、場所が違うだけで報告会は開いたと主張した。3年前の出来事なのに、早朝にいきなり尋ねられて、こうもはっきりと答えられるのだろうか。覚えていないと答えるのが普通なのではないか。砂沢は質問しながら、わずかな違和感を覚えた。だが、中川市議の受け答えはハキハキとしている。機嫌も良さそうだ。市議の対応とは逆に、砂沢の不安はどんどん増していった。不正を行っているはずだ。しかし攻め手が見つからない。何か糸口はないか。目を合わせ、市議の言葉を聞きながら頭の中を高速回転させていた。そのうち、ふいに市議は印刷物の話題を持ち出した。

「ただね。言っておくけど。印刷そのものは、必ずしもそこのところに印刷を出しているというわけでもない」

もともと私たちは印刷代の架空請求を疑っていた。その中で、市政報告会が報告書のとおりに開かれていないことを突き止め、中川市議本人に確認していたのだ。その点を追及した上で、印刷物はどうなっているのかと尋ねる予定だったのだが、こちらの先回りをするかのように、中川

市議が説明を始めた。市議が言うには、報告会のたびに印刷物は作成しているが、会場では配っていない。出席者の迷惑になることがあるからだという。さらに市議は、町内会や各種団体の会合に来賓として招待された際に市政報告をすることが多く、その際、資料を配って大掛かりな報告をすると、出席者は戸惑ったり怒ったりするのだという。そのため、印刷物はその場で配らず、後日、後援会を中心に配布していると一方的に説明した。富山市議会の定める政務活動費の運用指針では、後援会活動を目的とした支出を禁じている。市議の言い分では、印刷物は後援会に配られたと考えられるので、支出としては不適切だ。砂沢はインタビューしながら、もし架空請求の糸口がつかめなければ、ここを突っ込んで追及しようと心の中で思った。

玄関先での対話が30分近くに及んだころ、中川市議は一旦室内に戻った。どんな印刷物を作っているか見せるという。中川市議が戻るのを待つ間、宮城は砂沢に告げた。

「カメラのバッテリーが切れそうだ」

当初、玄関から出てくるのを直撃する作戦だったため、待機している間もカメラの電源を入れたままにしていた。それが仇となった形だ。バッテリーを予備に替えてみたが、それでも残り15分くらいしかもちそうにない。不正につながる決定的な発言を撮れていない私たちは焦った。そうこうしている間に、中川市議が資料を片手に戻ってきた。とにかく、あと15分で核心に迫るしかない。8月に開いたという市政報告会について訊いた。

「8月は――」

「あれは体育協会の運動会のときの話ですから、（運動会には）必ず呼ばれますから。やっていま

す」

カメラを回していた宮城は、このやりとりを聞きながら思った。

各種団体などから招かれて市政の話をしたならば、自ら開いた市政報告会と言えないのではないか。議員であれば、当然ながら各種団体の会合に招待され、挨拶することはある。しかし、それらをすべて市政報告会にしていたら、議員が顔を出すところはみな市政報告会になってしまうではないか。

そもそも、市政報告会の開催にかかる費用に税金の政務活動費をあてるのを認める根拠は、市政の現状を報告したり、市民の意見を聞くことにある。政務活動費が認められるかどうかの判断の目安となるのが、一定程度の時間と内容が伴うかどうかだろう。資料を配布したかどうかも一つの基準になるのではないだろうか。

ところが、中川市議は資料については「実際に印刷した」と強調したものの、「市政報告会で配布しても受け取ってもらえないことが多い」として、別に家々をまわって投函するなどしたと説明した。つまり、その会場では配布していないことを認めたのだ。

市政報告会の参加者に配布したのであれば、自治振興会の役員や各種団体の役員をたどっていくと、そのうち「もらっていない」との言質をとれるかもしれない。だが、戸別に投函したのであれば、裏を取るのが難しくなる。

これらのやりとりから、宮城と砂沢は「何を調べられているか事前に把握していて、答えを用意していたな」と感じた。

インタビューを終えようとすると、中川市議は、こう言った。

「たくさん印刷していったんだろ？」

やはり、私たちが政務活動費の支出伝票を入手したことを知っていた。

直撃取材の成果はあった。東部公民館で市政報告会が開かれていなかったこと。そして、政務活動費の記録書類の管理がずさんだということも分かった。ただ、架空請求や不正取得については、口を割らせることはできなかった。

「他に何か疑問あったら聞いてください」

中川市議の対応には余裕すら感じられた。帰り際、取材に来た苦労を労(ねぎら)い、2人を笑顔で見送った。

やはり会合は開かれていない

中川市議との直接対決を終えた宮城と砂沢は、気持ちが落ち着くのも待たずに、次の手を話し合った。

「市政報告会は開いた。別の場所で」

2人は中川市議のこの発言の裏取りを行うことにした。中川市議が主張した別の場所とは次の3つだ。

1月　料亭
2月　温浴施設(宴会可能)
3月　魚屋(宴会可能)

一度会社に戻り、住宅地図で場所を確認。再び取材に向かった。行き先は、魚屋。料亭はガードが固そうだし、温浴施設は、その性質上、撮影のハードルが高い。宮城がカメラの録画ボタンを押し、それを合図に砂沢が中に入る。正午近いせいか、中では店主らしき女性がイスに腰掛け休憩していた。

「こんにちは、チューリップテレビですが」

どう切り出そうか。何と言っても、ここは中川市議の地元だ。日ごろの商売を考えると、彼に不利な話はしないだろう。

「今、市議会議員の市政報告会の取材をしていまして、どんなものか聞いてまわってるんです」

まずは、近からず遠からずといった質問でジャブを打ってみた。しかし、反応がない。不機嫌なようにも見える。とそのうち、宮城の持つカメラを見て、

「これ、何撮ってるの？　ダメやろ」

カメラを止めるよう、抗議してきた。何とかその場を取り繕い、落ち着いたところで、カメラを回さないという条件で話を聞くことができた。

「地元の市議の中川さんの市政報告会というのを調べてまして……」

中川市議のことを調べていると明かし、２年前の３月にこの店が会場になったか、率直に尋ねた。すると、女性店主は奥にいた息子らしき男性を呼んだ。

「その日は会合は入ってないね」

男性は、帳簿をめくりながら答えてくれた。

「間違いないですか？」

繰り返し確認したが、やはり会合は開かれていないということだった。中川市議の言い分は事実ではなかった。

また、この日、中川市議の地元の町内会で、以前会長を務めていた人物にも会うことができた。

彼は、毎年1月に開かれている自治振興会の会合に出席していたという。その会合とは、中川市議曰く、料亭に場所を変えて開いたという市政報告会のことだ。この市政報告会のことを聞いてみた。すると、

元町内会長「新年会ですね」

「市政報告会？　そんなことしてたら、酒飲む暇がない。一杯飲んで終わりですね」

砂沢「じゃあ、とても政治の話するという感じは……？」

元町内会長「いやそんなのは、多分ないと思います。まず聞いたことはないですね。挨拶はされますよ。挨拶の中にそれが入っていたというならば、それまでですけど」

「市政報告会という名前で時間を取るとか、そういうことはないです。酒飲んでる時にそういうことはありません」

砂沢「毎年、大体この時期ですか？」

元町内会長「ええそうですね。1月の大体終わりぐらいの週に、自治振興会の新年会をやると」

砂沢「毎年、大体同じように新年会だけをやると」

元町内会長「ええそうですね。集まって、振興会、各団体、町内会長が集まって新年会をするという感じですね」

元町内会長によると、会合は市政報告会ではなく、各町内会長の顔合わせを兼ねた研修会と懇親会だったと話した。中川市議は来賓として挨拶しただけで、長時間に渡る市政報告は行っていないという。これは、どういうことなのか？　単なる挨拶でも、市政報告会と言えるのか。さすがにそれはないだろう。しかし、さきほどの中川市議の受け答えは堂々としていた。この時は、「市政報告会は開かれていなかった」と報じるだけの確信はなかった。

この日、市民オンブズ富山の代表理事も務める青島明生弁護士にインタビューした。明らかになった事実について解説性を加えるためだ。青島弁護士は以前から、富山市議会の政務活動費の使い方には疑問を持っていた。

中川市議が場所の変更を繰り返していることに着目して、こう話した。

「問題は、口座からお金を引き落とす時に、事実と違っていることが分かっていたかどうかですよね。引き落としたお金で実際の会議やって、実際にやった時には支出伝票と書かれたことと違うことをやってしまったというのは、問題は少ないかもしれないんですが、この書類を作ってお金出す時に、実際は違うのが分かっていたら、事実と違う書類出してお金を差し引いているんで、それはかなり問題の根が深い」

その上で、こう強調した。

「繰り返してますから、同じことを。1回だけならまだしも、2回目も3回目もずっと同じことをやってんだから、お金を使う時点では違うことやってる。書類作る時点では違うことが分かっているわけだから、書類作ったあとで、違う事情で違うことになってしまいましたっていう言い訳は通用しないですよね。最初から計画しているわけだから」

回数が頻繁なことから、場所が変更になったという言い訳は通用せず、意図的に異なる場所で資料を作成して政務活動費を受け取ったと考えるのが自然だ、と青島弁護士は解説した。そして、もし実際には印刷していなくて架空請求だった場合は、詐欺にあたる可能性があることを指摘した。

さらに夕方、砂沢は中川市議の地元である東部中学校区の自治振興会長に会った。自治振興会は、各町内会長などで作る組織で、その会長は地域の最高責任者だ。会長は当初、カメラの前で答えるのを嫌がったが、しぶしぶ了承してくれた。中川市議の言い分では、市政報告会は、専ら地域の会合と合同で開いている。自治振興会の会長なら、全てにおいて詳しいはずだと考えた。

「それで、取材の意図は何ですか?」

開始早々に、会長から問われた。中川市議とどのぐらい親しいのか分からないので、「市政報告会について取材しています」と曖昧に答えた。しかし、

「中川さんを調べてるのかね」

すぐに意図がバレてしまった。そのあとは正直に話した。報告書にあった会場で報告会を開いていなかったこと。1月の報告会は新年会だったと聞いたこと。そもそも市政報告ではなくて、ただの来賓の挨拶ではないのかということ。疑問に思ったことは全て聞いてみた。

「確かに、市政報告をしますと言って、30分とか時間を取ったりすることはないわね」

「ただ、挨拶の中に、最近の富山市の動きなんかは交えて話はされる」

やはり、市政報告をメインとした会合ではなかった。

ついに放送へ

宮城と砂沢はこの日の取材の結果を、報道制作局長の服部と部長の中村に報告した。

中川市議にインタビューできたこと。中川市議は、不正取得については否定し、「市政報告会は、その日に違う場所で開いた」と説明したこと。しかしそのうちの1か所の飲食店が、開催し

ていないと取材に答えたことなどを詳しく伝えた。

中川市議に印刷代の架空請求を認めさせられなかったことで、宮城の頭の中はモヤモヤしていた。しかし、局長と部長の判断は、周辺取材で虚偽記載による政務活動費取得の裏が取れていることを重く見て、「放送すべき」というものだった。

放送するからには、「わかりやすく」、かつ、「文句のつけようのない」形で放送する必要がある。もう1日使って足りない取材をかけ、内容を精査して放送することにした。

翌8月19日、この日のデスクは宮城。このネタのために、もっとも番組制作の経験がある槇谷茂博記者をまとめ役に指名したほか、議会事務局の見解を質す役回りに五百旗頭キャスターを投入した。また、足りない映像や情報を集めるために、さらに2人の記者をチームに含めた。考えられる最大戦力で臨もうとする宮城の決意が表れていた。最高の支援体制を得た砂沢だったが、当の本人は追い込まれていた。夕方の放送に向け、やることは山のようにある。原稿を書くこと、領収証などの資料の撮影、そして、鍵となる印刷会社への取材だ。このニュースのポイントは、印刷が架空だったかどうかだ。印刷会社の社長は午後から少しだけなら時間を取ってくれるという。

正午過ぎ、砂沢はカメラマンとともに印刷会社に向かった。印刷会社の取材では、カメラ撮影は許されなかった。そして、印刷会社の回答は、中川市議の領収証どおりの発注を受けているということだった。つまり架空請求はなかったということだ。

「印刷会社の件は盛り込めません」

砂沢は取材から帰る途中、宮城に報告した。その後、会社で話し合った結果、報じる内容を次の3つに絞ることにした。

①報告書の記載が事実と異なっていたこと
②1月の報告会は町内会の新年会で、3月のものは開かれた実績が確認できないこと
③印刷物が後援会に配られており、使途として不適切であること

問題は、全体の構成と編集だ。おおまかな構成は宮城が作り、砂沢記者に加筆・修正を求めた。そして映像化する上での修正・仕上げを槇谷記者、さらに別に編集マンをつけた。この日に伝えるほかのニュースもあり、人員が限られている中で、できる限りの体制を作った。

とは言え、短期決戦で、扱う情報量が多い。作業は放送直前まで追い込む形となった。伝えようとしている事実に誤りがないか、構成上、論理的整合性がとれているか、局長の服部と部長の中村も、このネタに張り付きであたった。

夕方6時15分。ついにその時が来た。

中川市議の疑惑を夕方のニュースで独自に放送．8月19日．

『ニュース6』のオープニングアニメが流れ、スタジオの映像に切り替わる。

五百旗頭「こんばんは。議員報酬の引き上げをめぐって批判をあびた富山市議会に、疑惑が浮上しました」

西「最大会派・自民党の市議会議員が、実際とは異なる内容の報告をして、政務活動費の交付を受けていたことが分かりました。チューリップテレビの取材に対し、交付を受けた議員本人も認めています」

続けて砂沢と中川市議とのやりとりをまとめたVTRが流れる。

砂沢「（東部公民館の利用を）申請された形跡がなかったんですが」

中川市議「（東部公民館を併設した）地区センターで今までやっていたんだけど」「場所が変わっただけの話で、市政報告会は必ずやっている」

中川市議が市に提出した書類では、東部地区センターで市政報告会を開催したとされているものの、実際には他の場所で開催したと話すインタビューを放送。その上で、その釈明内容の真偽を確かめた取材の結果を伝えた。

具体的には、提出書類では配布資料の印刷部数が多い時には300部以上にのぼるものの、富山市東部地区センターの大研修室には、せいぜい80人しか入れないこと。

公民館の利用実績を見ても、市政報告会としての利用はなかったこと。

東部地区センターの所長が5年前からこのセンターに勤務しているものの、この間に一度も市政報告会の申請書を見たことがないと話したことなどだ。

また、インタビューで中川市議が「実際の市政報告会の会場」と説明した飲食店に取材したところ、店主が「その日に会合の利用はなかった」と答えたこと。

市政報告会のうち1回は、実際には地元の自治振興会の会合で、出席者に確認したら「新年会であり、市政報告会ではなかった」と証言したことも伝えた。

報道フロアでは局員たちが、固唾をのんで見守った。

他局は放送しなかった。チューリップテレビのスクープだった。

その日の夜のニュースでも、どこも後追いしてこなかった。裏が取れないからなのか、関心がないからなのかは分からない。ただ、放送終了後、中川市議の自宅前には、張り込みをするマスコミ関係者とみられる人影があった。

翌日の朝刊で、地元紙の北日本新聞だけが中川市議の不正疑惑について報じていた。中川市議本人のコメントはなかった。

このあと事態は一変する。

中川市議が失踪

その日、砂沢は久々の休日を楽しんでいた。家族とともに、ゆっくりできるのは何日ぶりだろうか。

ところが夜のニュースで、ライバルのテレビ局が信じられないニュースを放送した。中川市議が失踪したと伝えたのだ。同僚の記者からそれを知らされた砂沢があれこれと調べたところ、次のことが分かった。

- 中川市議は自宅に携帯電話と書き置きを残し失踪した。
- 書き置きには遺言らしきメッセージが残されていた。
- 現在、家族が行方を捜している。

失踪の理由は明らかだ。前日に放った私たちのスクープ報道だ。報道に配属されて、わずか1年半。自分の書いた記事が原因で、人の生死に関わる事態が発生したことに、砂沢は後悔に近い気持ちでいっぱいになった。もし最悪の事態になれば、自分に報道の仕事をする資格があるのだろうか。そう感じた。本来ならショックを受けている暇などない。すぐにでも失踪の取材を進めるべきである。しかし、とてもそんな気になれなかった。砂沢は宮城に一報を入れた。宮城はまだ、このニュースを見ていなかった。電話の声から、驚いている様子は窺えたが、宮城は砂沢に「自分たちは間違ったことはしていない」と告げた。自民党会派の関係者によると、私たちの報道当日、中川市議は知人と飲みに出かけた。夕方に放送した私たちのニュースを見たかどうかは分からない。深夜、市議は自宅の前で知人と別れ、一旦家の中に入った。翌朝、妻が目覚めると中川市議の姿はなく、部屋の中に携帯電話と書き置きが残されていた。家族は警察に捜索願いを出し、行方を捜した。そして、その日の夜、たまたま通りかかった同僚の市議が富山市役所の駐車場で中川市議の車を発見。車内に、首を絞めたようなロープと、衰弱した中川市議がいたという。

中川市議は病院に搬送され、面会謝絶となった。

「失踪」したことで皮肉にもニュースの話題性は高まった。週明けから取材競争が過熱する。

報道各社は自民党会派の関係者に密着し、少しでも情報を引き出そうとする。当の中川市議には接触できないため、そこから聞くしかなかったのだ。しかし、中川市議の不正の解明は進まなかった。自民党会派は、中川市議の体調の回復を待って本人に事情を確認する、としたためだ。各社伝える内容は、市政報告会の会場が違うという点に留まり、架空請求の事実までは踏み込めない。どの社も印刷会社に取材をしていたが、「架空ではない」との説明を受けていたのだ。

疑惑の解明が進まない一方で、自民党会派は火消しに躍起になっていた。中川市議が不在の中、自民党会派は臨時の会合を開き、過去に支出した政務活動費の自己点検を行うことや会派内に不正防止策を検討するプロジェクトチームを設置することを決めた。また、各会派の代表者会議でも、これを提案し、会派ごとに点検の上、議長に報告することとなった。

「自民党の問題を議会全体へとすり替えようとしているのではないか?」

自民党の対応にはそう見えるふしがあった。

報道各社の質問に応じるのは、自民党会派会長の有沢守市議と幹事長の高田重信市議だ。このとき中川市議と連絡を取れるのは有沢会長のみ。報道各社は事あるごとに有沢会長に中川市議の近況を尋ねた。

しかし、有沢会長は詳細を語らない。本人に会えず、聞き取り調査などができないためという。だが、砂沢は有沢会長の発言に違和感を覚え始めた。

「最終的には本人が説明されるべき事柄だと思います」

「明日後援会に経緯を報告するそうです。一番重い判断をするのでは」

有沢会長の発言からは、中川市議の議員辞職を匂わす発言が増えてきた。しかし、やはり詳細は語らない。そして、私たちの報道から8日後、中川市議は地元の公民館で支援者の前に姿を現すことになる。

議員辞職

砂沢はこの日、朝から走り回った。中川市議が支援者に説明する場所がどこか特定するためだ。自民党会派からは発表がなかった。中川市議の支援者のリストなどは持っていない。中川市議の地元を中心に聞き回った結果、答えにたどり着いた。

「午後7時から長江公民館で説明会を開くそうです」

デスクに報告すると、急きょ取材体制が組まれた。記者は3人、カメラマンは2人。計5人体制だ。公民館に到着すると、他社がすでに到着していた。玄関の前にカメラマンや記者が一列に並んでいる。先に来ていた他社の記者に聞くと、中川市議はまだ来ていない。また、報道機関は説明会に入れないらしい。しかし、この日は中川市議の姿を必ずカメラに収めなければならない。公民館をぐるっと一周し、勝手口をチェックする。死角がないか確認した。午後6時半を過ぎたころ、支援者たちが集まってきた。公民館の窓はカーテンが引かれ、外からは見えなくなった。

そして、1台の車が玄関そばまでやってきた。中川市議だ。

車から降りた中川市議は、以前と風貌が変わっていた。髪は手入れされておらず、顔には無精ひげ。足取りもおぼつかない。建物に入ると同時に玄関扉は閉められ、中の様子は分からなくなった。そして、およそ20分後、支援者たちが玄関から出てきた。彼らに話を聞こうと声をかけるが、皆押し黙ったままだ。

「本人に聞いてください」

ある支援者はこう答えた。その表情は固い。

数分後、玄関に動きがあった。閉じられたガラス戸の向こうに大勢の人影が見える。インタビュー用のハンドマイクを用意し、中川市議が出てくるのを待った。扉が開くと、中川市議は妻に支えられながら出てきた。このときテレビ各局のカメラマンは横一列に並び、その様子を撮影していた。すぐさまマイクを向け、中川市議に説明を求めなければならない。しかし、動けなかった。前に出れば、他局のカメラをさえぎる形になってしまう。この画が重要なのは、各社同じだ。

一瞬の迷いで遅れを取った砂沢は、中川市議の背中に呼びかける形になった。

「中川さん！　支援者にはどんな説明をしたんですか？　一言お願いします」

砂沢だけではない。集まった記者が口々に大声で問いかける。中川市議は支援者に守られながら車へ向かう。ハンカチを手にし、顔に当てている。泣いているのか？　公民館の玄関から車ま

公民館前での中川市議.

では20メートルあるかないか。記者とテレビカメラでもみくちゃになりながら、市議は歩き、妻とともに車の後部座席に乗り込み、会場を後にした。説明は何もなかった。説明会に同席した自民党会派の高田幹事長が代わりに取材に答えた。高田幹事長によると、中川市議は支援者に不祥事を起こしたと謝罪し、議員辞職する考えを伝えたという。市議は明日にも辞職願を提出するとみられ、近いうちに本人自らこの問題を説明すると高田幹事長は話した。

8月30日、中川市議は家族を通じて、有沢会長に辞職願を渡した。有沢会長は、市議に代わり報道各社の前で辞職願を議長に提出、中川市議はこの日議員を辞めた。

記者会見

8月31日、急きょ中川元市議の記者会見が設定された。前の日に議員を辞職していて、近いうちに本人が説明の場を設けるとしていたが、その日は急に訪れた。印刷が架空だったかどうか。後援会へ涙ながらに説明したことや、自民党会派の対応からすると限りなくクロに近いが、決定的な事実は表に出ていない。辞職の理由についてもまだ語っていないことから、話題性が最大限に高まっていたのも事実だ。

会見のスタートは午後6時、テレビ各局の夕方ニュースのスタート時刻の直前だ。

当然、原稿を練ったり映像を持ち帰って編集する時間はほぼない。そのため、現場からリアルタイムで映像を送りながら、放送センターで同時に編集を行うという方法をとった。

動かせる記者やカメラマンは全てこのネタに投入された。砂沢は記者3人とカメラマン2人の計6人体制で、会見場となる公民館に向かった。

会見のチームには、安倍太郎記者がいた。

安倍は、砂沢の後輩だが報道のキャリアでは砂沢の先輩にあたる。冷静に状況を観察し最適な判断を下せる頼れる記者だ。安倍は、スタッフの配置や放送センターとの映像の配信など、調整を一手に引き受けた。砂沢が中川元市議への質問に集中できるようにとの配慮だ。そして午後6時前、元市議が弁護士とともに会見場にやってきた、

中川元市議の風貌は、先日の後援会への説明会で見せたものと異なっていた。議員時代の威圧感こそないが、髪は整えられ無精ひげも剃っている。なんとなく迫力も感じられる。

砂沢は、本人自らが架空請求を認めることはないだろうと予想していた。なぜなら、決定的な

証拠はないからだ。限りなく疑わしいが、断定できない。それが現在の状況で、だからこそ、会見の中でどうやって口を割らせるかを考えていた。

会見が始まったのは6時少し前だった。

「心より深く深くお詫び申し上げます」

会見は謝罪から始まった。そして……。

「政務活動費について、流用したことは認めざるをえないと思っています」

問題の核心に自ら触れた。しかし、それは理路整然とした説明ではなかった。中川元市議の言葉からは「流用」と「コピー」の単語が出たが、全てが理解できたわけではない。ただ、目の前にいる元市議会のドンが、自らの罪を告白しているのだということは理解できた。一通りの説明が終わると、居並ぶ記者たちの中、砂沢は質問の口火を切った。

「流用とコピーと聞こえましたが、一体どういうことなんでしょうか?」

「流用という言葉が正しいかということは分かりませんが、政務活動費を使ったということですから、それは流用にあたるのかなと」

「会派(控え室)にあるコピー機で、何十ページあるものを1部、2部、コピーさせていただいて、それを政務活動費につけて出したということでありますので、(印刷会社で)印刷は行っていないと」

中川元市議は、政務活動費を流用したと話し、印刷会社で印刷は行っていないと真実を語った。

Q「白紙の領収証が手元にあった？」

「そうです」

Q「それをご自身で記載された？」

「はい」

Q「罪の意識は？」

「当然全くないといえば嘘。何回かやっていくうちに、これじゃいけないと思いながら、ついついまたやってしまった。弁解の余地はない」

この質問を皮切りに、各社一斉に質問をぶつけると中川元市議は——

「飲むのが好きで」

「まず、飲み代です」

不正に受け取った金の使い道を問われた中川元市議は、誘われたら断れない性分だと話し、政務活動費は酒に消えたと答えた。質問する記者は全員座っていて、中川元市議一人が立ったまま答える。演台から支持者に政策を訴える時と同じ構図だ。しかし、この日の意味合いはまるで違う。記者たちに質問を浴びせられ、徹底的に吊るし上げられる中川元市議に、かつての「ドン」の面影はなかった。

会見の中で中川元市議が明らかにした事実は主に、次のようなものだった。

- 市政報告会の資料の印刷は一度も行ったことがない。
- 二十数年前に付き合いのあった印刷会社から白紙の領収証の束をもらった。
- 不正は全て独断で行った。印刷会社に責任は全くない。
- 手にした金は遊興費に充てた。

「これで終わります」

会見開始からおよそ30分。記者たちの質問はまだ続いていたが、中川元市議は「今後については自民党会派の調査を待ちたい」と答え、一方的に会見を終了した。

この日の『ニュース6』では10分規模の枠で伝えたが、放送後に取材テープを見直すと、伝えきれなかったことが多くあった。このため、翌日のニュースでさらに放送することになるだろうと思っていたが、その予想は外れる。

第4章　辞職ドミノ

居並ぶテレビカメラ.

印刷会社社長の証言

中川勇元市議の衝撃会見から一夜明け、報道フロアでは宮城デスクをはじめ、記者たちが新聞各紙を広げていた。どの社も一面トップ記事で「中川元市議の不正」を扱っている。

記者たちは、記事を見比べながら、今日の取材スケジュールの確認を始めている。その横で、砂沢は印刷会社に電話をした。中川元市議の利用した印刷会社だ。以前取材した時、この会社の社長は「印刷は確かに行っている」と答えたのだ。しかし昨日、中川元市議は、印刷代は全て架空請求だったと明らかにした。報道記者として、取材対象の言い分は一方のものだけではいけない。事実確認の意味で、連絡を入れた。

以前取材に答えた社長が電話に出た。社長は「軽率なことをした。反省している」と話し、真実を語り始めた。

- 領収証は先代の社長が渡したもの。
- 領収証が不正に使われていたことは知らなかった。
- 中川元市議から口裏合わせを頼まれた。

・中川元市議からは選挙ポスターの発注しか依頼を受けたことがない。

砂沢には社長が語った事実の中で、引っかかったことがあった。

「選挙ポスターの仕事しか受けたことがない」ということだ。あらためて確認すると、「自民党会派や議員から、資料の印刷の仕事を受けたことはない」と話した。しかし、2014年度分の自民党会派の支出伝票には、この印刷会社の領収証が数多くある。その中に、いくつか中川元市議とは異なる議員が提出したと思われるものがあった。前述したが、支出伝票には提出した議員の名前は一切書かれておらず、誰が政務活動費を使ったのかは簡単には分からない。しかし、中川元市議の場合、市政報告会の案内文が添付され、そこに「講師　中川勇」と記載してあったので特定できたのだ。ところが、今回見つかった領収証には案内文は添付されておらず、中川元市議の地盤ではない地域に関する市政報告資料が添付されていた。このことを、デスクの宮城に伝えると、宮城は「思い当たる節がある」と言った。

広報紙から探る

中川市議の疑惑を報じる前のことだ。政務活動費支出伝票の中には、ほかにも気になる伝票が数多くあった。宮城には、「ほかにも不正が眠っている」という実感があった。

誰のものかわからない市政報告会の資料に添えられた広報紙のコピーを、隅から隅まで見てみ

政務活動費支出伝票に添えられた資料.「地域の方々とスクラム」の文字.

た。しばらく見ていると、手がかりが見つかった。「八田橋」という市道に架かる橋の工事について書いた文章だ。

「八田橋のある場所を地盤とする議員かもしれない」

八田橋があるのは、富山駅北の地域。谷口寿一議員の地元だ。だが、それだけでは根拠が乏しい。ほかの地域を地盤とする議員でも、八田橋に関心を示す可能性がある。

もっと有力な手がかりがないか。何度も何度も見返すと、広報紙のタイトルが目にとまった。「地域の方々とスクラムを組んで――」どこかで見たことのある言葉だ。インターネットで「後援会だより」というキーワードと「地域の方々とスクラム」というキーワードを入れて検索した。

すると、引っかかってきたのは、谷口寿一市議の後援ホームページ。「すくらむ通信」という名前の後援会だよりには、「地域の方々とスクラムを組んで――」の文字があり、隣には谷口市議の名前と顔写真が掲載されている。

「間違いない！」

中川元市議の弟分市議の不正をスクープ

中川市議が記者会見した翌日の9月1日。この日の夕方のニュースでも、テレビ各社は前日の中川氏の会見についてさらに詳しく報じると予想された。

宮城はこの日の当番デスクだった。すでに前の日に中川氏の会見の模様をどこよりも厚く扱っていたため、この日は、谷口市議に直撃取材することにした。スケジュールを調べると、この日は午前中、市役所で会議に出ることになっている。

朝から富山市役所に記者を出した。富山市政担当記者の砂沢だけでなく、警察・司法担当記者の安倍にも向かってもらった。それぞれカメラマンをつけて、別々の場所に配置した。確実に谷口市議を見つけるためだ。

市役所でほかの社に見つからないように、駐車場の出入り口で本人が来るのを待つことにした。駐車場と議会棟をつなぐ動線は、二つある。そこで手分けをして張り込みをした。

市役所には各議員が登庁しているかを示す電光掲示板がある。確認すると、谷口市議は市役所に来ていた。問題はどのタイミングで問い質すかだが、もっとも注意しなければならないのは他の報道機関、特にテレビ局に気づかれないことだ。隠密で行動しなければ、単独スクープにはなりえない。おそらくこの日、各テレビ局は、昨夜に行われた中川元市議の会見の詳細をトップニュースで伝えるだろう。だからこそ、その隙を突き、二つめのスクープを狙った。

市議たちの行動パターンは限られている。各市議には市役所地下に議員専用の駐車スペースが与えられている。市議たちはそこに車を停め、議会棟直通のエレベーターで行き来している。エレベーターは議員以外ほとんど使わない。砂沢と安倍はこのエレベーターと地下駐車場のルートで待ち伏せることにした。安倍記者は、本来は事件・事故報道を専門に取材する警察担当記者だ。市議たちに顔は知られていない。このため、安倍のクルーを市議たちがいる6階の議会フロアに配置した。待機する場所はエレベーターを見渡せるロビーだ。そして、顔が知られている砂沢は、駐車場のある地下2階のエレベーター前で待機した。

作戦はこうだ。安倍のクルーはエレベーターへの動線で、谷口市議を待つ。市議がエレベーターへ向かったら、ともにエレベーターに乗り込み、エレベーター内か降りたところでインタビューする。見失ったり、エレベーターに相乗りできない場合は、砂沢のクルーがエレベーターの出口でインタビューする。作戦が決まり、配置場所にスタンバイした。あとは谷口市議を待つだけだ。しかし、不安要素があった。

砂沢の待機する地下2階には、携帯電話の電波が届かない。地上まで出ないと安倍記者とは連絡が取れないのだ。それと、もう一つ、地下駐車場にはもう1基エレベーターがある。それは議会棟に直通ではないものの、谷口市議の駐車スペースの隣にあるのだ。そちらから出入りされたら、安倍のクルーも砂沢のクルーも空振りに終わる。砂沢はエレベーターの表示をひたすら見続けた。コンビを組んだカメラマンは、エレベーターが降りてくるのに合わせ、カメラを肩に担ぎ神経を集中させる。しかし、谷口市議は降りてこない。砂沢は何分かおきに階段を使って地上に上がり、安倍と連絡を取ったが、まだ動きはないという。急いで地下に戻り、待ち伏せを続けた。

そして、正午近く、その時はやってきた。エレベーターから降りてきたのは、全部で10人ほどの自民党会派の市議たちだ。車に乗り合わせて、昼食にでも行くのだろうか。市議たちは、カメラを構えた私たちを一瞥して通り過ぎ、駐車場で何やら話し合っている。そのうちにエレベーターが動き出し、新たに6階から議員を運んできた。谷口市議だ。

「谷口さん、すみません。お伺いしたいことが……」

砂沢は急いで声をかけた。

「これは谷口さんが提出されたものですよね」

バインダーに挟んだ領収証を谷口市議に見せた。

「はい。そうです」

谷口市議はあっさりと自分のものだと認めた。

「この印刷会社に連絡したところ、自民党の仕事は一切受けていないと話しました。これは一体どういうことでしょうか?」

砂沢はストレートに尋ねた。すると、

「これは、中川さんに頼まれて、お金を出すようにということで。自分はほかで印刷していて、その差額は中川さんに渡しました」

谷口市議は不正を認めた。しかし、その手口は単純なものではなかった。谷口市議は自らの印刷代の領収証を使わずに、中川元市議から渡された、架空の印刷代の領収証を使って政務活動費を受け取ったという。要は、別の領収証を使って、印刷代を水増し請求し、その差額を中川元市議に渡したというものだ。谷口市議は「自分は不正な利益を得ていない」と言う。返還の意思を確認すると、自分が返還すべきものなのか、中川元市議が返還すべきものなのかは今後の判断になると答えた。罪の意識を問うと、

「割と簡単に活動費を回してくれと言われ、良いですよと。軽い気持ちで受けてしまった。偽造するという意識はなく、わかりましたよという形で、したんですけども」

谷口市議は中川元市議から、「政務活動費が余っているなら回してほしい」と頼まれたという。当初は軽い気持ちで応じたが、次第にマズイのではという気持ちになり、3度目に頼まれた際に「これで最後にしてほしい」と伝えたという。そして、この事実はすでに会派に伝えてあると話し、谷口市議へのインタビューは終わった。インタビューの最中、谷口市議の後方に、こちらの様子を窺う議員たちの姿が見えた。私たちに取材を受けたことで、このあと会派で対策でも話し

あうのだろうか？

終わってみれば、取材は大成功だった。夕方のニュースまで時間はたっぷりとあり、原稿の作成や編集が追い込まれることはない。他社に気づかれることもなかった。強いて言えば、自民党が夕方までに会見を開くかどうかだけが気にかかった。そして迎えた夕方のニュース。他社が中川元市議の会見を報じる中、チューリップテレビは谷口市議の不正を独自に報じた。

翌9月2日、谷口市議の謝罪会見が設定された。

その場で明らかになったのは、谷口市議が不正に関わったのは全部で3回。政務活動費から支出した額は合わせて91万円。谷口市議が実際に印刷代に充てたのはおよそ44万円で、差額のおよそ47万円を中川元市議に現金で渡したという。涙を見せ、嗚咽する谷口市議。政治家としてはこれからが働き盛りとなるはずの53歳。地元支持者や議員仲間の中には、「谷口を未来の市長候補に」と期待をかける人もいたという。肩を落とし、涙をぬぐいながら会見場を後にした。そして後日、議員を辞めた。

開いたパンドラの箱

市議の不正が相次いで発覚したことで、報道各社の取材合戦に火が点いた。市議会では1日のうちに何度も会議が開かれた。不正が出た自民党会派は、議員総会を開き対応を協議し、それとは別に各会派の代表者会議が招集され、事態の報告と不正の再発防止策を話し合う。それらの会議はいずれもニュースで取り上げられる。また、報道各社は情報公開請求の手続きを行い、政務活動費の支出伝票を取り寄せ、新たな不正の調査も始めた。誰にだって予想はつく。まだまだ不正は眠っているのだと。谷口市議の不正を報じた4日後、次々と疑惑や不正が明るみになった。

9月5日、その日は9月定例会の開会日だった。本会議の冒頭、市田議長は中川元市議が議員辞職したことを報告した。本会議はその後、市長から提案理由が説明され終了した。しかし、この後事態は一変する。急きょ、自民党会派の会見が設定されたのだ。内容は3人目の不正発覚だ。不正の疑惑が持ち上がったのは、八尾(やつお)地域を地盤とする村山栄一市議だ。記者たちの話では、ライバル局である富山テレビが不正に気付き、前夜、村山市議に直撃取材をしたという。

この会見が行われるまで、砂沢は村山市議のことをよく知らなかった。一体、どんな不正をしたのか？　温和に見える顔からは想像がつかない。会見には、村山市議に加え、有沢会長と高田幹事長が同席した。会見はこの時も謝罪からスタートした。

「空の領収証をもらったということで、深く反省し、議会の方にご迷惑をかけた。どうもすみませんでした」

村山市議によると、不正の内容は、市政報告会で参加者に提供したとする茶菓子の代金だ。市内の菓子店で菓子を買った際に白紙の領収証をもらい、水増しして政務活動費を請求していたという。その数はおそらく16回。不正に請求した総額は78万円あまりと話した。

不正を報告する場にもかかわらず、村山市議の様子は何だかちぐはぐな感じだった。自らの不正を理解していない様子で、事あるごとに説明が中断した。そして、そのたびに有沢会長と高田幹事長が村山市議に耳打ちする。不正に得た金の使い道を問われると、

「トイレのタンクが壊れまして……」

後援会事務所の修繕費などに充てたと話した。村山市議も谷口市議と同じく、進退は後援会と相談してから決めると話したが、9月9日に辞職した。

笹木市議の領収証書き換えをオンエアー

9月6日、砂沢はまた別の不正を追いかけていた。今度のターゲットは当選6回を数え、過去に議長も務めた笹木豊一市議だ。笹木市議の疑惑も印刷代の偽造の領収証だ。市議が提出した、ある印刷会社の領収証に書かれた筆跡は、自民党会派の事務員の筆跡だった。これまでに何度も領収証をめくった宮城と砂沢は、関係者への取材から得た情報と付き合わせることで、事務員の筆跡を特定できるようになっていた。

疑惑のポイントはもう一つ。この印刷会社の領収証が、あの中川元市議の伝票にもあったのだ。中川元市議が不正のために何度も利用したのをA印刷会社とすると、今回の笹木市議のものは別のB印刷会社の領収証だ。そして、中川元市議の提出した領収証の中に、B印刷会社のものが1枚だけあったのだ。中川元市議は以前の会見で、資料を印刷したことはないと言った。だとすれ

ば、B印刷会社の領収証も偽造ということになる。そして、笹木市議の支出伝票からは、事務員の筆跡で書かれたB印刷会社の領収証が複数枚見つかったのだ。

砂沢はカメラマンとともに、B印刷会社に向かった。問題の領収証を手に、印刷会社のドアを開ける。

「チューリップテレビですが、伺いたいことが……」

用件を伝えると奥から社長が出てきた。報道機関は連日のように、富山市議会をめぐる政務活動費の不正を報じている。特に中川元市議の案件については、A印刷会社の口裏合わせが不正の発覚を遅らせたと批判が集まった。そのためか、社長はこちらの取材を断ることはなかった。今後の商売に関わるとの理由で、カメラ撮影は応じてもらえなかったが、質問には答えるという。砂沢はまず、疑いを持った理由や経緯などを説明した。

「笹木市議に白紙の領収証を渡しましたか？」

B印刷会社の社長は「渡した」ことを認めた。ただし、印刷は実際に行ったという。笹木市議から「白紙でいいよ」と言われ、不正に使われる可能性などは考えず、そのまま渡していたという。領収証の日付を教えると、後ほど会社に残っている記録（請求額）について連絡をくれると約束してくれた。

不正をしているかどうかまで確かめることはできなかったが、白紙の領収証が渡っていることは確認できた。残るは、笹木市議に直接問い質すことだ。砂沢は笹木市議の自宅を訪ねた。しかし、市議は不在だった。病院に診察に出かけたまま、戻ってきていないという。しかし、別の記者から連絡があり、市役所で笹木市議を見かけたという。砂沢は急いで市役所へ向かった。時間はすでに午後を回っている。本当なら、他社に気付かれないように直撃取材したかったが、夕方ニュースの放送が迫っていたため、会派の控え室の前で待ち伏せることにした。自民党会派の控え室はＬ字型になっていて、その両端に出入り口がある。どちらの入口も見えるよう、砂沢はＬ字の真ん中、ちょうど折れ曲がっている場所でカメラマンと待機した。そのうち、他社の記者たちがこちらをチラチラと気にするようになった。何か狙っているのだと気付いたのだろう。だが、今さら気付いても夕方までには追いつけまい。砂沢は堂々と待ち伏せを続けた。

そして、控え室から笹木市議が出たのを目の端でとらえた。砂沢はカメラマンとともに駆け寄った。「聞きたいことがある」と伝えると、タバコを吸いながら答えると市議は言い、喫煙室に向かった。

「これは、白紙に書かれたものでは？」

砂沢が尋ねると、笹木市議はあっさりと認めた。笹木市議曰く、領収証の宛名には会派名を書くなど一定の決まりがあるため、白紙でもらってきて事務員に書いてもらっていたのだという。その上で、実際に発注した金額を書き込んでいて水増しなどは行っていないと主張した。印刷会社からの実際の請求額が分からないため、それ以上は聞けなかった。このため、砂沢は自民党会派の市議を取り仕切る高田幹事長に、会派としての見解を聞いた。高田幹事長は「疑わしい報告と思われても仕方がない」としながらも、今後、印刷会社から領収証の控えなどを取り寄せ、確認したいと話した。この日、夕方のニュースで報じたものの、それは白紙の領収証を使ったという事実のみで、不正取得までは断定できなかった。翌日、印刷会社から連絡があった。伝えられた実際の発注額は、領収証の金額と一致していた。しかし、口裏を合わせれば済む話であって、疑惑は残る。笹木市議の追及は不完全燃焼だった。このあと笹木市議は今期限りで引退すると表明した。

しかし、のちに別の件で不正取得をしていたことが明らかになっている。

抜いて抜かれて

8月19日に中川市議の不正について独自に報じた時は、ほかの社が動いている気配は全くなかった。おそらく、政務活動費の支出伝票も持っていなかったのだろう。ところが、時間が経過するにつれ、他社も、徐々に伝票を入手し、取材の体制が整ってきたようだ。他社に抜かれるようになった。

また、富山市役所の議会棟の光景は一変した。定例会開会中以外は、ほとんど人の姿が見られなかった議員控え室前の廊下が、常に報道関係者で埋め尽くされているのだ。全国紙は東京などから応援の記者を呼んでいる。各テレビ局も、政治担当以外の記者の応援は言うまでもなく、各系列キー局などの応援が来るようになっていた。

それぞれの社が政務活動費支出伝票を閲覧して調べたり、調べて分かったことを議員や業者のところに確かめに行ったり、人海戦術になった。

民政クラブのウワサ

自民党市議の不正を調べ続けながら、宮城や砂沢の頭の片隅にあったのが、自民党以外の議員の存在だ。

「ほかの会派に不正はないのだろうか……」

富山市議会の政務活動費の執行率（予算の使いきり率）は、自民党以外の会派も、極めて高い値を維持している。不正があってもおかしくないはずだ。

一連の不正が発覚する前の、富山市議会定数40の会派構成は次のとおり。

自民党28
公明党4
民政クラブ4
共産党2
社民党1
欠員1（社民市議の県議会への転出）

民政クラブは、この時点では4人の所属議員がいる民進党系の会派だ。「系」というのは、全員が民進党籍を持っているわけではなく、友好関係にある民社協会の所属議員が2人参加して会派を構成しているからだ。

複数の取材協力者と情報交換すると、「ほかの放送局も民政クラブの不正疑惑に気づいているらしい」との情報が寄せられた。中川市議の不正を独自に報道して以来、富山市議会の一連の報道をリードしてきたという自負がある我が社にとっては、是非とも、引き続き、この独自ネタ合戦を勝ち抜きたかった。具体的には、民政クラブのネタについても、できることなら一番に報じたかった。

とは言っても、不十分な情報を世に出すわけにはいかない。

民政クラブの支出伝票を一からチェックし、同時に、複数の取材協力者から情報を集めた。すると、民政クラブも印刷代が疑わしいことがわかった。

9月12日。複数のスタッフ体制を組み、勝負をかけることにした。この日は、リオデジャネイロオリンピックで金メダルを獲得した、富山出身選手2人に県民栄誉賞が贈られる日だ。富山県にとっても晴れの日であり、地元局にとっても、当然ながら忙しい日だ。スポーツの担当記者や、パレードを取り仕切る県庁の担当記者、中継のスタッフなど、大掛かりな陣容で夕方のニュースに臨むことになっていた。

政務活動費取材を進める立場からすると、12日には他社も動きづらいだろうという見立てがあった。13日になると、他社もまた動き出すに違いない。あえて、12日に、オリンピックに関わっていないスタッフの大部分を動員して取材をかけることにした。

谷口菜月は、入社3年目、取材の充実感を覚え始めた女性アナウンサーだ。それに、新聞記者経験のあるユニークな経歴のアナウンサーの毛田千代丸と、継続的に富山市政を取材してきた砂沢らがその主力メンバーだ。

この日は、ターゲットを民政クラブの会長・高田一郎市議に絞った。高田市議は、富山市水橋地区を地盤とするベテラン。中川元市議と同じように、公立公民館で市政報告会を開催したと報告し、資料代として政務活動費を受け取っていた。

私たちは、これが不正の疑いがあるとにらんでいた。２０１４年度の1年間だけで、水橋地区の公立公民館3か所で資料コピー代やお茶・お茶菓子代などとして5万円あまりの政務活動費を受け取っていた。

この日、谷口が、水橋にある3つの公立公民館を朝から全部取材してまわることにした。

中川市議の取材の際には、公民館に取材をする前に、すでに公文書の使用実績を情報公開請求で入手していた。そのためか、その後、東部公民館に直接カメラ取材をしても、開示済みの公文書の内容に準じた回答をしていた。

今回、水橋地区の公民館については、準備が間に合わなかったこともあり、使用実績を入手していない。言ってみれば、谷口は、「駄目もと」で、突撃取材をしたのだ。

高田市議の不正をスクープ

各局のスクープ合戦は加熱していた。

「民政クラブも怪しい。裏を取ってきてくれないか」

9月12日の朝、アナウンサーの谷口は、民政クラブの不正を追及するよう、デスクの宮城から指示を受けた。といっても、何の証拠もない。手元にあるのは、民政クラブの領収証と収支報告書、そして「他社に先を越されたくない」という意地だけだ。決定的な証拠はなかったが、中川元市議の不正を暴いてからというもの、この分厚い資料の数字をしっかりと見れば、きっと何かが見つかるという確信があった。

谷口が疑いの目を向けたのは、民政クラブの当時の会長、高田一郎だ。地盤である富山市水橋地区には3つの公民館があり、収支報告書によると、それらの施設で市政報告会を開いている。中川元市議と同様、公民館を併設した地区センターの利用実績がなければ不正が暴けるはずだ。まずは水橋東部地区センターを訪ねた。

「すみません、こちらで政治活動が行われることはあるのでしょうか?」

「いやーないけどねえ。公民館では、政治活動はダメだって決まってるからね」

「実は富山の議員で、こちらで市政報告会を開いたという記録があるんですが……」

「いつ？」

「２０１４年４月６日です」

「本当に？　ここに勤めて数年になるけど、私の記憶では、ないと思うなあ……」


使用実績書を確認してみるから、一度帰ってほしいと言われた。高田市議に直あたりする時間を考えると一刻も早く証拠が欲しかったが、結果がわかるのは夕方になるかもしれないということだった。資料を探すだけで、そんなに時間がかかるものなのか……。警戒心を抱かれているようにも感じた。公民館の中の様子さえも撮影させてもらえなかった。あまり希望が持てぬまま、その場を去った。

次に向かったのは、水橋中部地区センターだ。とにかく警戒心を抱かれないよう、ふらりと立ち寄った。

「すみません、ちょっとお聞きしたいことがあるんですけど……」

「ごめんね～今忙しくて。きょうは敬老会なの、その取材にきてくれたのね？」

職員たちは、冗談まじりの和やかな雑談ムード……。これはチャンスだ。敬老会の話をしばらく聞いたあと、本題を切り出した。

「こちらで、政治活動が行われることってあるんですかね?」

「いやあ〜ないと思いますけどねえ。公民館の使用申請書があるから見てみましょうか?」

答えてくれた男性は、去年4月に所長になったばかりだという。谷口は、もしかしたら情報公開請求なしで、利用実績の資料を見せてくれるかもしれない、と期待した。すると、使用申請書を調べる様子から撮影を許してくれた。

「ありませんね……。そもそも、やっぱり公民館で政治活動することはありません」

収支報告書にあった2014年4月12日に、水橋中部地区センターの使用申請書は提出されていなかった。市政報告会は開かれていなかったのだ。つまり、市政報告会の茶菓子代は、発生していないはずのカネだ。

「高田市議の地盤は、水橋西部地区センターですよ。中部地区センターで市政報告会をやることは考えられません」

最後に、水橋西部地区センターに行った。テレビ局が来たと知っただけで、担当者の顔色が変わったように感じた。

「情報公開請求はしましたか？　それがないと、お答えすることはできません」

あっさりと断られた。まるで答えを準備していたかのようだった。とはいえ、午前中になんとか水橋中部地区センターの裏は取ることができた。市政報告会は開かれていないはずだが、提出された支出伝票と領収証には、「プリント代」と書かれていた。「この領収証は本物なのか」と疑問に思い、県内のカメラプリントサービス店に行った。店に保管されている領収証の写しを見せてもらうと、確かにその日、店を利用していた。しかし明細を見ると、「写真の周りにミッキーマウスのカレンダーをプリントしてもらうサービス」を注文した記録があった。そんなものを住民向けの資料に印刷するだろうか。何かがおかしい。もちろん、開示請求をしていないため、どこまで放送できるか分からない。しかし、本人にぶつけるだけの材料はそろった。私たちは高田一郎市議を直撃した。

高田市議を直撃

この日、富山市役所では9月定例市議会の一般質問が行われていた。そのため、ほぼ全ての議員が市役所に登庁している。民政クラブの議員も4人全員が来ていた。午前の質問が終わり、およそ1時間半の休憩を挟んだあと、午後の部が始まるとアナウンスがあった。市役所には、砂沢と毛田がいた。

砂沢と毛田は開示請求した資料と、現場の谷口の情報を合わせ、高田市議への直撃の算段を練った。ここでもやはり、注意するのは他社に気付かれることだ。そのため、会派の控え室を訪ね、その部屋の中で問い質すことにした。

本会議の休憩時間になった。市議たちは昼食に出かけた。民政クラブの議員たちも同様だ。砂沢と毛田は民政クラブの控え室の前にあるロビーで雑談しながら、目立たないように市議たちの帰りを待った。民政クラブの市議たちが昼食から戻ってくると、休憩時間は残り30分を切っていた。今回、高田市議に問い質すのは毛田だ。砂沢は後ろでフォローしながら、毛田と高田市議とのやりとりをカメラで撮影する役回りだ。短い打ち合わせを済ませ、カメラマンと3人で控え室に入った。

民政クラブの控え室は和やかな雰囲気だった。高田市議は笑顔で出迎えてくれ、「何かあった?」と余裕たっぷりに聞いてきた。砂沢が、何気なくドアを閉めたところで、毛田の質問が始まった。

「この場所で市政報告会を開いてないですよね?」

毛田が聞くと、高田市議は、

「これは案内文が間違っている。こっちじゃなくて、別の地区センターで開いた」

高田市議は、事務員が案内文を作成する際に書き間違えたのだと言った。高田市議の地盤である富山市水橋地区には、地区センターが3か所ある。それぞれ「東部」「西部」「中部」の名前が付いている。案内文には、高田市議は2014年の4月に「東部」と「中部」の地区センターで

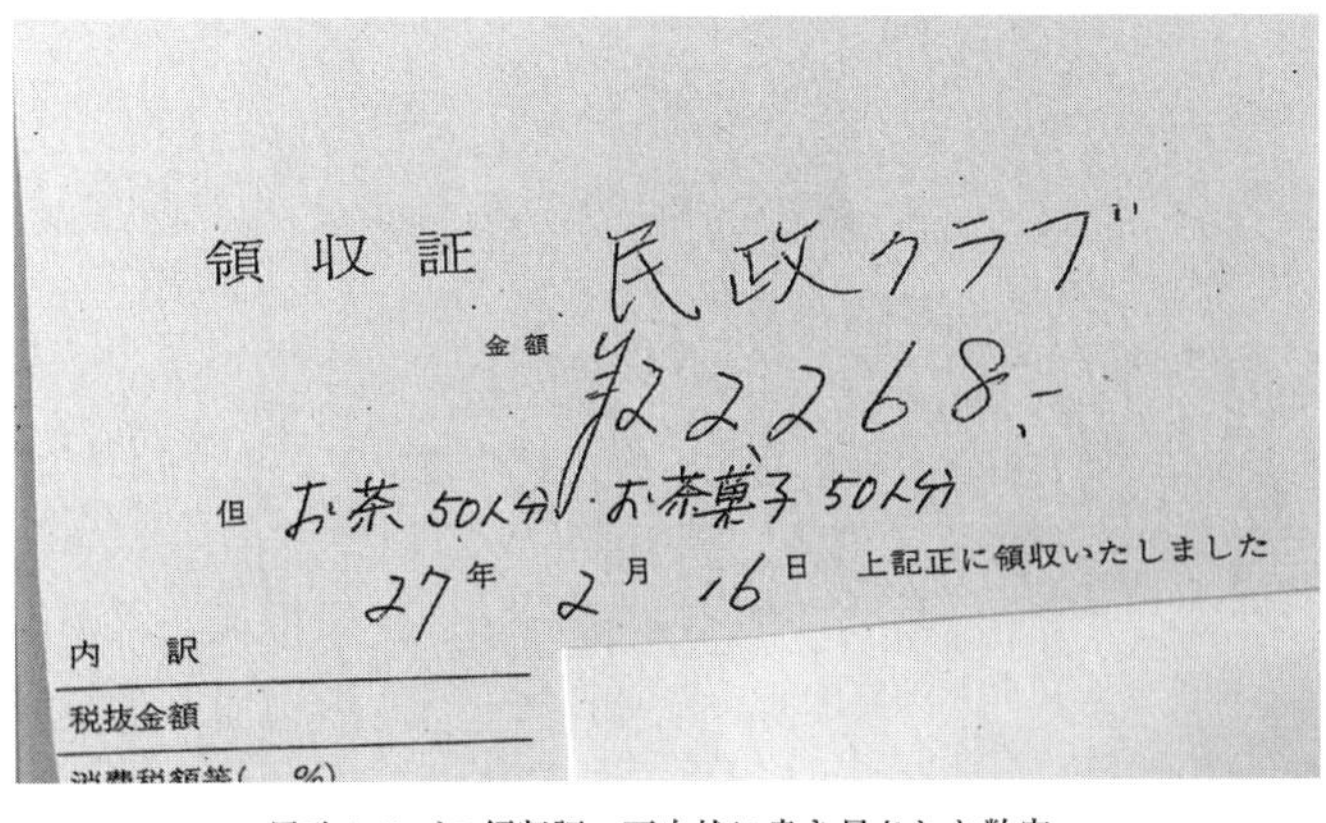
領収証　民政クラブ

金額　¥22268.-

但　お茶50人分・お茶菓子50人分

27年　2月　16日　上記正に領収いたしました

内訳

税抜金額

民政クラブの領収証．不自然に書き足された数字．

市政報告会を開いたとされている。しかし、高田市議は「事務員が場所を書き間違えた。本当は西部地区センターで開いた」と話した。この言い訳は、あの中川元市議と同じだ。8月、自宅を直撃した際、中川元市議も同じことを言っていた。だが、こちらにはまだ手札がある。

毛田は次の質問を繰り出した。

「こちらの領収証ですが、数字を書き加えたように見えますが……」

毛田が高田市議に見せた1枚の領収証。それは、市政報告会で配る茶菓子代の領収証だ。¥22、268と書かれているが、「¥」の後ろに書かれた「2」がどうも怪しい。狭いスペースに、後から数字を1桁書き足したように見えた。この問いに対し、高田市議は「事務員に任せていて分からない」と答えた。

今度は砂沢が質問を繰り出す。

砂沢「茶菓子代を購入した店は中川さんが利用する店と同じですよね？」
高田市議「いや、知りません」
砂沢「中川さんから不正の手口を教わったんじゃないですか？」
高田市議「それはないです」
砂沢「2万円もお茶を買うことありますか？」
高田市議「いや、それも事務員に聞かないと」

矢継ぎ早に質問し、高田市議に食い下がる。口調は淡々としているが、内容は不正の核心を突くものばかりだ。毛田は、砂沢の毅然とした態度に、不正を眠らせまいとする正義の心を感じた。

高田市議に質問している間、閉じられた控え室の中には民政クラブの市議4人全員が揃っていた。高田市議に不正について聞き始めると、市議たちは、さりげなくカメラから遠ざかる。砂沢は、ベテランの針山常喜市議が高田市議の背後で気まずそうな顔をしているのを見た。私たちは、針山市議も市政報告会を開いていない事実を突き止めていた。この日は、時間が限られていること を理由に問い質すのを見送ったが、後日針山市議にも聞かなければならないと考えていた。

午後の本会議の時間が迫り、インタビューは15分ほどで終了した。しかし、このままでは放送はできない。高田市議は「西部」の地区センターで市政報告会を開いたと、新たに主張したためだ。

砂沢は再び情報公開請求の手続きを行い、「西部」地区センターの使用履歴を確認した。2014年4月に2回開いたとする市政報告会。このうちの1回は「各種団体の総会」そして、もう1回は「大正琴」の教室だった。市政報告会は開かれていなかった。材料は揃った。そして、夕方のチューリップテレビ『ニュース6』で「民政クラブ　事実と異なる報告で政活費を受け取る」との見出しでスクープが放送されたのである。

ところで、この放送の前に、谷口のインタビューに応じ、事実を話してくれた水橋中部地区センターの所長から電話があった。「実は私、所長になったばかりで、開示請求がないと資料を公開してはいけないことを知らなくて……。市の許可が出るまで、撮影した分を放送しないでもらえますか」。受話器の向こうからは、焦りが感じられた。

数時間前まで快く答えてくれていた人が、どうしてこうなったのか。後の章で触れるが、実はこのとき富山市教育委員会が手を回し、取材を妨害する動きがあった。安易に施設の利用実績の資料を公開しないようにとの文書を、市内の公民館に出していたのだ。すぐに情報公開の手続きをし、なんとか放送の許可を得た。

民政クラブが崩壊状態に

「民政クラブ不正」のニュースのインパクトは、翌13日に現れた。この日市役所には、砂沢・

毛田・谷口の3人で向かった。それとは別に、県政・経済などを担当し、経験豊富な小澤真実記者が領収証を発行した業者の裏取りにあたった。この時点では不正は明らかになっていないが、高田市議らが提出した印刷代や茶菓子代の領収証には、明らかに不審な点が多かったのだ。

毛田と谷口が市役所に着くと、議会棟のロビーには報道陣があふれ、大変なことになっていた。各社、民政クラブの市議を待ち構えている。プロのカメラマンに加え、記者たちも小型カメラを手に持ち、次々と市議たちを呼びとめ、話を聞いていた。そのうち、高田市議が登庁した。各社一斉に群がる。しかし、話す内容は、昨日の弁明と同じだ。その上で、会派で調査し結果を公表すると述べるにとどめた。昼のニュースでは、私たちはこの高田市議の釈明を報じた。ところが、他社は同じ民政クラブの針山市議が辞職の意向を固めたと伝えたのだ。混乱している市役所の現場で、私たちは針山市議のインタビューを録りのがしていた。そして、午後から急きょ民政クラブの会見も設定された。事態は急速に動き始めた。

民政クラブの会見が始まった。出席したのは所属する4人の市議全員だ。代表の高田市議が話し始めた。市政報告会についても、疑惑が持ち上がっていることについての説明は変わらない。

「会場が異なっているのは事務員のミス」

「疑わしい領収証についても、事務員に任せてあるから分からない」

責任を事務員に押し付け、自らは知らぬ存ぜぬの対応だ。高田市議は、詳細は幹事長が説明すると述べ、説明役を針山市議に譲った。すると針山市議は、冒頭から不正を認めた。自らのものだけではなく、高田市議の領収証の改ざんも、自ら事務員に指示したと答えた。そして、全ての責任は自分にあるとした。

このあと質疑が始まり、砂沢たちは針山市議に質問をぶつけた。会見の直前に、小澤記者から重要な情報が届いていた。数字を書き足した領収証を発行した店に確認すると、同じ人物が民政クラブと自民党の分のお茶を買っていくと言う。そして、中川元市議の不正の中にも、この店の領収証があり、同じように数字が書き加えられているものが存在していた。つまり自民党と民政クラブの会派間で手口を共有していた疑いがあるのだ。これを尋ねると、針山市議は非常に驚いた顔をした。

しかし、「初めて聞いた。分からない」と答え、手口の共有は否定した。見るからに動揺している。砂沢はさらに質問をぶつける。印刷代の名目で３７０万円あまりを一度に支出した伝票について問い質すと、白紙の領収証を使った水増し請求だと答えた。数字の書き足しに加え、印刷代の不正取得も加わった。

ところが、この会見はここで終わらない。むしろ、ここからが始まりだった。記者たちは次々と質問をした。その多くは、本当に高田市議が不正に関わっていないのかを問い質すものだ。高田市議は態度を変えず、自らは知らないと言い続ける。記者たちは針山市議に、「高田市議をかばっているのではないか？」と質問したが、針山市議は否定した。質疑が堂々巡りになる中、不正に受け取った金をどうしたかと問われた針山市議はこう答えた。

「会派の中にプールしてある」

砂沢は「プール」という単語が心に引っかかった。

「どこにプールしてあるのですか」

砂沢が尋ねると、針山市議はこの会見を決定づける一言を口にした。

「高田会長と私の個人の口座にプールしてある」

今まで「私は知らない」と言ってきた高田市議の言い分が崩れた。自分の口座に入金されているのに知らないとは言わせない。記者たちの激しい追及が始まった。

記者「先ほど知らないと言ったことは何だったんですか？」

高田市議「答弁の仕様がありません」

高田市議は観念して、明日辞職願を提出するつもりだと述べた。また、不正を始めた時期を問われた針山市議は、「先輩の件もありますので、よく分からない」と答えた。

砂沢「それはつまり、会派内で手口を引き継いでいた？」

針山市議「そうなります」

不正がずっと以前から続いていたことを認めた。その金は選挙資金などに使われたという。会見場には記者たちの異様な熱気が漂っていた。会見が続いているにもかかわらず、記者たちは、第一報を伝えるため次々に部屋の外で、それぞれの会社に電話をかけ始める。予想を超えた大掛かりな不正発覚に記者たちは興奮し、ニュースのラインナップの変更や紙面の拡大などを相談していたのだ。

明らかになった事実はこうだ。不正に得た金を選挙資金にあてていた。手口は代々引き継いでいた。

辞職ラッシュで議会が自主解散を検討

全てを認め、明日辞職願を出す――。

疑惑は全て明らかになり、その闇は記者たちの想像を超えていた。翌日、高田市議と針山市議は議長に辞職願を提出した。

話は前日にさかのぼる。民政クラブの疑惑を独自に報じた12日、1人の市議が議員辞職した。自民党会派の一員、岡本保市議。当選回数は9回を数えるベテラン議員だ。岡本市議は、領収証をパソコンで自作し、政務活動費を受け取ったことを認めた。ただし、その回数は1回のみで金

富山市議会の廊下は記者で埋め尽くされた．9月15日．

額は20万円。市政報告会の茶菓子代の名目で請求していた。また、別の市議もこの日、記者の前で会見を開いた。自民党会派に所属する、当選1期の新人議員、藤井清則市議だ。このころ、富山市議会を舞台とした政務活動費の不正報道が過熱していく中で、報道機関だけでなく、既存の政党も政務活動費を調べていた。その中心は、富山市議会の共産党と社民党だ。定数40の富山市議会において、共産党の議席は2、社民党は1で、どちらも少数勢力だ。

この2会派が情報公開請求の手続きを取り、他党の政務活動費の使われ方を調べ始めたのだ。そして、自民党会派の藤井市議に関する情報が市政記者クラブに提供された。藤井市議が提出した酒店の領収証が怪しいという。領収証の名目は市政報告会の茶菓子代だ。そして、私たちが民政クラブの第一報を報じたその日、藤井市議は会見を開き、不正を認め、9日後の21日に辞職した。

民政クラブの市議2人が議長に辞職願を提出した日、さらに別の市議が議員辞職した。富山市の山間部、旧山田村を地盤とする浅名長在ェ門市議だ。浅名市議は市政報告会を開いていないにもかかわらず、白紙の領収証を使って、市政報告会の茶菓子代の名目で政務活動費を請求していたのだ。

北日本放送が独自に報じ、それを受け浅名市議の自宅前に集まった報道各社に対し、辞意を明らかにしていた。浅名市議が辞職に追い込まれた不正の金額は、2度の請求で合わせて4万6000円だった。

富山市議会の欠員は7人となり、定数の6分の1に達することが決まった。これで、条例により補欠選挙が行われることが決定した。不正市議をもっとも多く出した最大会派自民党は、議会の解散を検討し始めていた。「議会の自主解散」は国の特例法が定めているもので、議員数の4分の3以上が出席し、5分の4以上の同意があれば議決できる。自民党会派の有沢守会長ら執行部は、会派の議員総会でこれを提案した。すでに辞意を明らかにしている4人の市議の辞職が、6日後の本会議で認められると、市議の数は全部で32人になる。全員が本会議に出席した場合、解散の可決に必要なのは26人。しかし、自民党の議員の数は23人で、他の会派の同意が必要となる。自民党の会派内では賛成が大多数を占め、一部の市議は態度を保留した。この日、会派としての結論は出ず、結論は持ち越しとなった。

報道各社は一斉に取材を進めた。他の会派は大半が解散には反対だった。優先すべきは、真相の究明と不正の再発防止策を決めることだというのが理由だ。翌日、自民党会派は再び議員総会を開き、自主解散を協議したが、他会派と足並みが揃わないことから、断念した。そして、有沢会長と高田幹事長は一連の問題の責任を取る形で、会派の会長職と幹事長職を辞する考えを固めた。

その後も、政務活動費を巡る不正や不適切な事例は相次いで発覚した。自民党の吉崎清則市議と南昭弘市議は市政報告会でビールや焼酎など、アルコール類を提供していた。富山市議会では政務活動費でアルコールを支出することは認められていない。2人は茶菓子代の名目で支出していたのだ。2人とも不適切な請求だったことを認め、受け取った政務活動費を全額返還するとしたものの、議員辞職は否定した。

議長が辞職へ――

9月も下旬に差し掛かったころだった。

「市田議長があす辞職願を出す」

富山市政記者クラブの幹事社から第一報が砂沢たちに伝えられた。しかし、不正の内容など詳細は不明。自民党会派から連絡があったという。砂沢は急いでデスクに連絡し、対応を依頼した。情報を集め、市田議長の不正の内容を確認、さらに毛田が市田議長の自宅へ向かった。集めた情報によると、市内の文具店の領収証を使って架空請求をしたという。

領収証の名目はパソコンやプロジェクターになっているらしい。砂沢はすぐに問題の文具店に向かった。到着した時間は午後7時をまわっていた。文具店はシャッターを半分閉じている。その向こうに記者の姿が見えた。複数の新聞記者が店主に事情を聞いていた。急いで合流し、話を聞き始める。店主は当初、撮影を嫌がった。しかし、顔を写さないという条件で取材に応じてくれた。

「架空と水増しの領収証です」

店主は言いにくそうに答えた。そして、会派の事務員を介して、領収証作成の指示があったと話した。翌日、これまで辞職願を受け取る立場だった市田議長は、副議長に辞職願を提出した。市田議長はその直後に報道各社の前で謝罪会見を開いた。現職の議長が不正で辞職という異例の事態。記者たちの追及も、これまで辞職した市議より長く、厳しいものだった。不正の内容は、パソコン代の水増し請求とプロジェクターなどの架空請求だ。政務活動費から31万円を不正に支出し、このうち22万６０００円近くを着服していた。

「後々にもう1台買えばいいんだと。そういう思いでしたから、2台分の領収証になった」

市田議長は不正を認め謝罪したものの、意図的な不正ではなく、あとから注文し支払うつもりだったと主張した。その一方で、文具店には口止めを依頼していた。

「買うから。それでこのことは腹にしまっておいてくれ」

市田議長は店主にこう頼んだという。市田議長は再三にわたって、「意図的ではない」と弁明を繰り返したものの、自らの責任は認めると述べ、辞職を決めたと話した。

カラ出張

9月定例会最終日の21日。本会議の冒頭で、6人の市議の辞職が認められた。民政クラブの高田一郎市議と針山常喜市議、それに自民党会派の浅名長在ェ門市議・藤井清則市議・谷口寿一市議・市田龍一市議だ。

これ以降、不正発覚の波は一旦落ち着いた。報道各社は富山市議会に振り分けていた取材体制を縮小し始めていた。砂沢はこれまでの不正の事例を振り返りながら、再び支出伝票を確認していた。

中川元市議への直撃取材から1か月あまり。数々の不正の事例を見続けてきたせいか、疑わしい支出伝票に対し、ある種のカンが働くようになっていた。その中で見つけた1枚の支出伝票。それは、岡村耕造市議と市田龍一元市議が2人で行った福岡視察のものだった。2013年12月に1泊2日で行われた視察。伝票には旅行会社の発行した領収証と請求書が添付されている。それ自体に疑わしい点はない。しかし、スケジュール表に目が止まった。1日目、富山空港から羽田を経由して福岡空港へ向かう。到着時刻は午後0時30分。午後を丸々視察に充てられるが、行き先は福岡市議会1か所のみ。また、翌日は視察先がなく、飛行機で富山へ帰るのみとなっていた。

「これは、視察ではなく旅行ではないのか?」

砂沢は考えた。同僚の五百旗頭キャスターに話すと、福岡市の議会事務局に確認してくれた。通常、他の自治体の議会を視察に行く際には、議会事務局を介して視察の申し込みを行うという。しかし、福岡市議会に視察を受け入れた記録はなかった。また、添付された資料の中に、福岡市の行政改革プランがあった。平成20年６月作成と記載されている。福岡市に確認すると、視察当時、平成25年作成の最新版が存在しているという。わざわざ５年前の資料を視察で使う必要があるのか？　疑惑は膨らんだ。

下調べが終わった。今回、直撃取材は安倍記者が担当することに決まった。安倍はまず、富山市の議会事務局に向かった。福岡市議会への視察の申し入れがあるのか確認するためだ。事務局の担当者はカメラの前で「記録はない」と答えた。当時の担当者にも確認を取ったと話した。外堀を全て埋め、岡村市議を直接取材する段取りが整った。

岡村市議を自宅で直撃

市議会自民党会派で通算５期の岡村耕造市議。朝は街頭に立ち児童たちの登校を見守るのが日課で、小柄ながらも政治家らしい包容力を兼ね備えている。私たちが入手した２０１３年度の政務活動費の収支報告書には、12月４日から５日にかけて岡村市議と市田市議の２人が福岡市議会を視察したと記載されている。具体的な日程も詳細にあり、宿泊先も実在するホテル名が書かれてあった。経費は旅行代理店の領収証1枚で、2人分合計で20万8000円。視察の目的は「まちづくりの先進事例を学ぶ」とあった。一般的に議員が他の自治体の議会を視察する場合、受け入れる側のスケジュール調整が必要なため、議会事務局同士で連絡を取り合う。富山市の議会事務局の場合、先方に視察依頼文書を提出する。しかし事務局に保管されていた依頼文書のファイルの中に該当する文書は見当たらず、事務局の当時の職員9人に確認してもらったところ、誰も記憶がなかった。また、視察先の福岡市にも記録はなかった。

9月26日の夜、安倍記者が岡村市議の自宅を訪れインターホンを鳴らすと、市議本人が玄関先に出てきた。この時期、報道各社はそれぞれが見つけ裏取りをした不正を、時間を問わず議員本人にぶつけ、少しでも早く報道するスクープ合戦が続いていた。

その中には倫理的に不適切な支出を問い質し、謝罪させるようなものもあった。岡村市議がすんなりと取材に応じたのは、議員としての責任に加え、「いつか自分のところに取材がくるかもしれない」と思っていたからかもしれない。

安倍「12月4日の福岡市議会への出張は行かれましたか?」
岡村市議「行ってると思います」
安倍「福岡市議会ですが?」
岡村市議「ちょっと記憶ないですね」

岡村市議は、福岡方面へは何度も視察に行っていて、3年近く前のこの視察の詳細は記憶にないという。質問を続けている間、岡村市議は安倍が持参した収支報告書と視察の日程表、視察結果のレポートを無言で見続けた。レポートは、岡村市議が自らの意見をまとめたものであるはずだ。20分ほどインタビューをしたのだが、「自宅には手帳がなく、その日の行動予定が確認できないため、翌日確認して連絡する」と言われひとまず取材を切り上げた。

岡村市議は、これまでに政務活動費の使い方をめぐって、領収証を偽造した架空請求があったことを認め謝罪していた。開いていない市政報告会で提供した茶菓子代3万円の領収証が提出されていたが、岡村市議が「知らない菓子店で、報告会の案内文も作成していない」とし、事務員が勝手に作ったのではないかと主張した。岡村市議の政務活動費の使い方と考え方は、こうだ。

富山市議会の政務活動費は議員1人あたり月額15万円、年間180万円が会派の口座に振り込まれる。岡村市議は毎月の限度額ではなく、年間180万円で帳尻を合わせようとしていた。その都度口頭のやりとりで、会派事務員からまとまった金額を先に受け取り、諸々支払った後の領収証が手元に溜まったら事務員に手渡していた。自分がどの時点でいくら使ったかは詳細に把握していなかったという。

さらに岡村市議は、月額の使用料金を調整するために事務員が気を利かして報告書を作ったのではないかとした上で、「なぜ架空請求しなければいけなかったのかわからない」と話した。

記者に囲まれた岡村市議は、「3万円は着服したということですね」という質問に対して、「そういうことになります」と認めたが、その3万円も政務活動費の一部だと思って受け取り、結果的に政務活動に使用したという内容の主張をしていた。しかし、結局のところ政務活動費を何にいくら使っているのかわかっていなかったのだ。

自宅取材から一夜明け、岡村市議は議会棟の会派控え室にいた。安倍はそのフロアのロビーで待機していた。昼をはさんで会派幹部がせわしなく出入りする。岡村市議が何時に控え室に入ったのかはわからないが、少なくとも2時間以上は経過していた。事実確認だけでないことは明らかだ。午後になり、控え室から出てきた他の議員に「岡村市議に取材したい」と問いかけると、「このあと記者会見する」といきなり伝えられた。驚いて控え室をのぞくと、岡村市議がちょうど出てきた。

「チューリップテレビさんには先にお話しします」

控え室に入り、カメラを向けた。

「福岡には行っていません」

カラ出張をあっさり認めた。

やがて、市役所に常駐している新聞記者たちが控え室にやってきて、私たちの取材を遠巻きに見ていた。

岡村市議は1時間後に会見を開き、議員辞職を表明した。

「汗にじむ思いで働いて納めてくださった税金、それを不正受給という形で裏切ってしまった。これ以上議員を続けることはできないと痛感しました」

会見には、視察の報告書に名前が記載されていた市田元市議も同席していたことも考えると、この日、岡村市議が会派控え室にいた時間の大半は、会派での対応の打ち合わせだったと思わざるをえない。このとき、岡村市議が守ったものは何だったのだろうか。不正の温床といわれても、自らの政治活動を支えてきた自民党会派への向き合いだったのか。辞職会見で岡村市議は「事務員が会計上調整するために気を利かした」として、意図的に政務活動費を騙し取ったものではないと主張し続けた。では何に使ったのか。誰の記憶にも残らないまま税金は消えた。

翌日、議長に辞職願を手渡し、頭を下げる岡村市議。まばたきをせず、開いたままの瞳には何が映っていたのだろうか。2人はカラ出張で請求した20万8000円全額を返還した。一連の不正で辞めた富山市議は、岡村市議で10人になった。

翌日も辞職記者会見

岡村市議が辞職した次の日、急きょ富山市役所で会見が設定された。会見を開いたのは、富山県と富山市が出資して作った財団法人、いわゆる第三セクターで、富山市内で「公共の宿」を運営している法人だ。会見に出席したのは、宿泊施設「呉羽ハイツ」の支配人。この支配人は以前、富山市の商工労働部の部長だった人物だ。会見の内容は直前まで知らされていなかったが、始まる直前に情報が集まってきた。どうやら市議に頼まれて、領収証の不正を行ったらしい。

そうこうしているうちに、また新たに会見が行われると連絡が入った。その会見は市議の不正についてだった。2つの会見が同じ時間帯に設定された。富山市役所に来た取材班は砂沢たち1班のみ。砂沢は、不正の市議の会見を優先することにした。会見に現れたのは自民党会派の丸山治久市議だった。丸山市議は自民党会派に所属する市議で、通算6期目のベテラン議員だ。元々、体調の悪化を理由に、今期限りで引退する意向を示していた。その丸山市議も、政務活動費の不正で議員辞職するという。丸山市議は、呉羽ハイツを会場として開いた市政報告会で、茶菓子代を水増し請求したほか、会場代も架空請求していた。その金額は合わせて21万8000円で、呉羽ハイツの職員に領収証の作成を依頼したという。丸山市議はこの日、辞職願を提出。議長が許可し、議員辞職した。丸山市議は11人目の辞職者となった。

『ニュース23』と『報道特集』で放送

全国に波及した不正——。

政務活動費を巡る問題が全国でクローズアップされるきっかけとなった番組がある。TBSの『ニュース23』と『報道特集』だ。

私たちが中川市議不正のスクープを報じた8月19日は、レスリング女子の吉田沙保里選手がリオで金メダルを逃した日で、全国ニュースにはならなかった。しかしその後、『ニュース23』、

『報道特集』、いずれの編集長も、チューリップテレビの取材映像や原稿を隅から隅まで見て、「特集」を組んで取り上げた。これは、単に地方で起きた事件なのではなく、他の県の議会でもありうる普遍的なニュースだと捉えたからだ。

『ニュース23』では、9月8日の放送を皮切りに、私たちと連携して様々な角度から伝えた。一方、『報道特集』はチューリップテレビが制作した特集をブラッシュアップさせて、10月1日、30分近い枠をとって、大々的に放送した。スタジオには砂沢が出演して、金平茂紀キャスターや日下部正樹キャスターの質問に答え、不正が起きた背景について解説した。これらの全国ニュースで放送する前は、チューリップテレビのスクープだったことがほとんど知られていなかった。しかし、この2つの番組の放送で、情報公開制度を使った取材が注目され、全国の議会で不正が質されていくことになる。『ニュース23』と『報道特集』の2人の編集長の決断がなければ、このスクープも埋もれていたかもしれない。

とまらない辞職ドミノ

10月に入った。富山市議会を駆け巡った辞職ドミノは、まだ終わっていなかった。

12人目の辞職議員となったのは、自民党会派の浦田邦昭市議だ。浦田市議は9月末に丸山元市議と同じく、呉羽ハイツを会場とした市政報告会で茶菓子代を水増しして受け取っていた。しかし、この時は議員辞職を否定していた。流れが変わったのは、別の不正が見つかったからだ。新たな不正は印刷代の不正だ。富山市議会では名刺の作成代を政務活動費からは支出できない。にもかかわらず、浦田市議は印鑑販売店で名刺を作成した際の領収証を使い、市政報告会の資料の印刷代の名目で3万8550円を政務活動費から支出していた。

不正については意図的なものではなく、事務処理のミスだと話したが、連日の報道により地域での生活が成り立たないと話し、議員を辞職するという。

「孫がじいちゃんテレビに出てたねとか、新聞で見たよとか言うわけです。それが辛い」

浦田市議は10月3日、議長に辞職を認められた。

自民党会派会長市議の「不適切処理」

10月も下旬に差し掛かった。砂沢は休暇を過ごしていた。たまの休みではあったが、調べ物をしようと会社に行き、到着して数分後、他社の富山市政記者から電話が入った。ちょうど今、市役所で五本(ごほん)幸正市議の囲み会見を行っているという。各社集まっているのにチューリップテレビだけいないということで、見かねて連絡をくれたのだ。砂沢は小型のカメラだけ持って急いで市役所へ向かった。

自民党会派の控え室に入ると、座っている五本市議を取り囲む形で会見が始まっていた。五本市議の疑惑は、市政報告会をめぐるものだった。2013年9月29日に富山市内のホテルで報告会を開いたとして、茶菓子代や会場費合わせて37万5000円を政務活動費から受け取っていたが、実際はその日、報告会は開かれていなかったというものだ。この日、毎日新聞が朝刊で独自に報じたという。五本市議は、報告会を開いたのは同じ月の23日で、会派の事務員が書類の作成時に日時を間違えたのだと弁明した。事務員に詳しい説明をせずに領収証を渡し、処理を依頼したことが原因だと述べた。この時五本市議は、書類は訂正するが、返金はしない考えを示した。

しかし、この問題はこれで終わらなかった。この日の夜、NHKがこの問題の続報を報じた。この市政報告会で、支出が認められない酒や焼酎などアルコールが提供されていたというのだ。日中の時点では、「報告書に記載された日時が違うということ」だったが、この時点で「不適切な支出が含まれていた」というニュースに変わったのだ。砂沢は五本市議の自宅に向かった。到着したのは午後9時過ぎ、すでに他社の記者たちが玄関先で取材を行っていた。カメラの撮影は断られたものの、五本市議はカメラ撮影なしのペン取材に応じた。五本市議によると、その日は、市内のホテルで市政報告会と自身の市議在職35周年を祝ったパーティーを同じ会場で一体的に開いたところ、その出席者たちが、市政報告会の最中にアルコールを飲んだのだという。その事実は知らず、テレビのニュースを見た支援者から連絡が入り、アルコールを提供していたことを告げられたという。

翌10月21日、砂沢はさらに詳しく話を聞こうと午前中に自民党の控え室を訪れた。するとそこには五本市議がいた。砂沢のほかには新聞社2社の記者がその場にいて、五本市議への取材を求めた。そして、急きょ会見が開かれることとなった。

会見の中で記者たちが追及したのは、「市政報告会」と認められるかどうかという点だった。五本市議は自らの議員在職35周年記念パーティーを開催し、その前半部分が市政報告会にあたると主張した。県知事や富山市長、県議会議員に富山市議会議員など、そうそうたる顔ぶれで、支援者を含め600人前後が出席していた。パーティーは会費を集めて開いたという。出席した市議によると、オープニングで日本舞踊が披露され、その後来賓の挨拶が続いた。そして五本市議がお礼の挨拶を述べたあと、鏡割りを行い、乾杯したという。五本市議の主張では、この鏡割りまでが「市政報告会」、その後が「懇親パーティー」だというのだ。

「そもそも全てが懇親会ではないですか」

砂沢は五本市議に率直に聞いた。

「いや、僕はそう思っていませんよ」

五本市議は、認識の違いだと述べた。また、前日から問題になっていた、アルコールの提供については……。

「(参加者が)こんなもん(ソフトドリンク)飲まれっかと言って、勝手に酒を飲んだ」

出席者に酒を出したことを認めたものの、自らはそのことを知らなかった、と同じ主張を繰り返した。記者たちに辞職の意向を問われた五本市議は、これを否定した。しかし、五本市議はこの責任を取る形で、それまで務めていた、政務活動費不正の再発防止を検討する委員会の座長を退いた。

第5章　情報漏洩

富山市役所の夕景．カラスの大群が舞い飛ぶ．

話は少しさかのぼる。

前代未聞の辞職ドミノが起きた富山市議会で、さらに驚くべき事実が明らかになった。チューリップテレビが情報公開請求したことを、市議会事務局の職員が、自民党会派の市議2人に漏らし、不正の隠蔽工作につながっていたのだ。

市議会事務局の説明によると、7月中旬、庶務課の中堅職員が1人で残業をしていたところ、中川勇市議と谷口寿一市議がやってきたという。

「何をしているのか?」

職員は、報道機関から政務活動費に関する情報公開請求を受けたので、開示の準備をしていると答えた。

「どこが請求しているんだ?」

「チューリップテレビです」

本来、請求者の名前や請求内容は秘密にされなければならない。しかも、この職員は数日後、

富山市議会事務局.

実際に開示した政務活動費の支出伝票などのコピー数枚を自民党会派に届けていた。

取材の手が伸びていることを知った中川市議は、「マスコミが来たらこれを使ってほしい」と印刷会社に市政報告会の資料の一部と納品書控えを渡し、口裏合わせを依頼していたのだ。議員と議会事務局の馴れ合いが、隠蔽工作を可能にしていた。

直接の謝罪、馴れ合いの結末

9月21日、朝日新聞朝刊に議会事務局による情報漏洩の事実が掲載され、議会事務局は会見を開いた。そしてその2日後、チューリップテレビに行き直接謝罪したい、と言ってきた。

カメラの前で事実を独自に質す絶好の機会だ。報道制作局長の服部から、一部始終を撮影するよう指示が出た。

9月23日、市議会事務局の久世浩局長と横山浩二庶務課長がチューリップテレビにやってきた。玄関ロビーでは、テレビカメラが待ち構えていた。応接室へ入っていく2人の動きをフォローする。応接室にセッティングされたカメラは2台。その前で、事務局トップは頭を垂れた。

「本当に申しわけありませんでした」

謝罪が終わると、五百旗頭と砂沢が2人の前に腰を下ろした。

「インタビューを録らせていただきたい」

久世局長が一瞬、苦悶の表情を見せた。だが、すんなり応じ、情報を漏らした職員の証言について語り始めた。

久世局長「(本人曰く)会派でひょっとして気にしているかと思って、つい持って行ってしまった。本人は、それがどういうことに繋がるのか思いが全く至らずに、安易にやったのだと思います」

砂沢「彼が自民党会派に渡した政務活動費の証拠書類のコピーは、誰の物だったんですか?」

久世局長「聞いたんですけど、特に誰のかとは意識せずに、サンプルとして持って行ったようです」

砂沢「それ、全く意味ないですよね」

久世局長「全く意味ないです。私も頭を抱えました」

頭を抱えるのも無理はない。政務活動費の支出伝票は、各会派が原本を、議会事務局がコピーをそれぞれ保管している。つまり、同じ支出伝票を持つ自民党会派に、サンプルを渡す必要などないわけだ。

久世局長「本当に真実は一つで、私は上司として目をしっかり見据えて、嘘ついたらダメなんだぞと。中川市議の分を渡していたら問題だから言ってくれと。でも、そうではないんですと。本当にサンプルとして渡しただけなんだと」

実はその1か月半ほど前、五百旗頭は、ある議会関係者とこんなやりとりをしていた。

「調べてるらしいね?」

「何のことですか?」

「政務活動費の情報公開請求したんでしょ?」

怪訝な顔をする五百旗頭に構わず、相手は続けた。

「教育委員会にも情報公開請求してるやろ？　ほとんどの会派が知ってるよ。しかも、最近中川さんは血相を変えて、会派控え室で妙な動きをしてるようだし」

「何をしてるんですか？」

「そんなの知らないよ(笑)」

「隠蔽工作ですか？」

「だから分からないって(笑)。どうやら焦ってるらしいよ」


市議会事務局の職員から情報を得た中川市議は、隠蔽工作を図ったことが分かっている。白紙の領収証をもらっていた印刷会社に「マスコミが来たら黙っておくように」と口止めしていた。

事態はそれだけにとどまらない。チューリップテレビは、中川市議が本当に市政報告会を開いたかを調べるため、会場とされた公民館の使用実績を、市教育委員会に情報公開請求していた。その情報が、自民党を含む複数の会派に漏れているというのだ。

事実ならば、中川市議は具体的に何を調べられているかまで知っていたことになる。五百旗頭はこのことについて、目の前にいる久世局長に質問した。

「公民館の使用実績を我々が調べていることが、自民党会派はもちろん、他会派の議員にも漏れていたんです。本来であれば、情報公開窓口から担当部署の決裁者にしか伝わらないはずですよね。それがなぜ漏れているのでしょうか？」

久世局長の表情に動揺は見られない。淀みない言葉が返ってきた。

「包み隠さず申し上げます。行政の機関同士ということで、実は教育委員会の生涯学習課から、こういう請求が来ているという話は聞きました。けれども、これを自民党の会派に漏らすということはございません。それはやるべきでないし、とんでもないことになりますので」

砂沢も質問した。

砂沢「教育委員会から連絡があったのはいつごろで、誰からどんな形で伝えられたのですか？」

久世局長「教育委員会の生涯学習課長が、（議会事務局の）庶務課長にということで、いつごろかは……」

砂沢「電話ですか？　それとも私たちが請求した紙自体を持ってこられたとか？　どういう形だったんですか？」

久世局長「紙も提供を受けています」

砂沢「ということは、その紙には『何月何日の東部公民館の使用申請書』と書いたのですが、そこまでの情報が議会事務局に伝わっていたということですか？」

久世局長「そうなりますね」

砂沢「その情報は、久世局長と横山庶務課長だけが知っていたわけですか？」

久世局長「私と課長と次長ですね。あと議会事務局ではありませんが、情報公開制度全体につきましては、市田議長から問い合わせを受けていますので、市田議長には報告しました」

砂沢「教育委員会に情報公開請求した話も市田議長は知っていたと？」

久世局長「それはお伝えしたと思います。あくまでも私どもの上司ですから、報告を求められたら応えざるをえませんので」

当時の市田龍一議長は、自民党会派内で同じ派閥に所属するなど、中川元市議と極めて近い議員だった。

砂沢「伝えるとどうなるかってお分かりですよね？」

久世局長「しかし、そうおっしゃいますけれども、議長と議会事務局は情報の共有化をしないと仕事になりません。私どもの上司ですから。聞かれた以上はお答えしなきゃならないですし、『（チューリップテレビが）教育委員会にも請求しているようだ』とお伝えしました」

矢継ぎ早に質問を浴びせられた久世は、さすがに動揺を隠しきれなくなっていた。
砂沢が質問しているあいだ久世の表情を観察していた五百旗頭が、再び加わった。

五百旗頭「教育委員会への請求段階では、中川さんの不正を調べているかは分からないわけじゃないですか？　それをわざわざ市田議長に伝える必要はないですよね？」

久世局長「たまたまその日に、『当該の元市議に関することで請求が来てますよ』と教育委員会から伝えられたものですから。不正があったかは、その時点では分からないですけども、今となっては伝えないほうが良かったのかもしれません……」

五百旗頭「教育委員会から、『（中川）元市議に関する情報公開請求があることを伝えられた』とおっしゃいましたが、そんなこと記者は一言も言ってないんですよ。公民館の使用状況を調べたい。それだけで、なぜ（中川）元市議のことだと分かるんですか？　ということは、完全にそういうものだと議会事務局も理解していたということですよね？　その上で、市田議長に情報を渡しているわけですよね？」

久世局長「本当にその時点で不正があったかは分かりませんでした」

五百旗頭「でも、中川さんのことだと分かっていたわけですよね？」

久世局長「そうです。そういうふうに聞きましたので」

砂沢「聞いたというのは、どういうことですか?」
久世局長「生涯学習課から聞きましたので」
砂沢「中川さんのことで(公民館の)使用状況の開示請求があったと?」
久世局長「私はそういうふうに聞きました」

不正を隠す。ばれる。謝罪する。

本来ならばこれで全ての膿(うみ)が出されるべきだが、役所は違う。他の不正を隠す。追及される。ばれる。その繰り返しなのだろう。

五百旗頭は久世局長に対して、最後はこう言った。


「(チューリップテレビが)中川さんのことを調べているというふうに、教育委員会から議会事務局に話が伝わっているのであれば、情報公開請求制度としては破綻しているということです」

議会制度では、議長の下に議会事務局が置かれている。破綻しているのは、この組織の仕組みも同じだと五百旗頭は思った。

隠し通そうとした教育委員会

議会事務局長がチューリップテレビを訪れているころ、安倍記者は市役所で待機していた。議会事務局から市議への情報漏洩以外に、私たちが情報公開請求した事実が、市の教育委員会から議会事務局に漏れていた事実を取材するためだ。

私たちが情報公開請求したのは、

①議会事務局に対する政務活動費関連の書類
②市教育委員会に対する公立公民館の使用申請書

の2種類。公民館使用申請書は、公民館が虚偽の市政報告会の会場とされていたため、使用実績がないことの確認に必要となる。実際に中川市議の不正を暴く決定打となった公文書だ。情報漏洩の事実関係は、こうだ。

私たちは情報公開窓口で、公民館の使用申請書を公開請求した。対応したのは、市行政管理部の窓口担当者。ここから該当書類を管理する市教委生涯学習課に公開手続きを進めるよう指示が出て、後に公開される。公開請求があった事実は、この手続きに関わる決裁者と作業担当者しか知ることはできない。しかし実際は、市教委生涯学習課長から議会事務局庶務課長に事実が漏れていた。市教委と議会事務局が公民館の使用について結びつく理由は、一般的に何もない。

議会事務局長がチューリップテレビを訪れ事実を報告する場は、2時間を超えて続いていた。

当初、市教委から議会事務局に情報漏洩があった事実を議会事務局から一言裏取りできれば、すぐに市教委を取材する予定だった。しかし気がつけば午前の職務時間はまもなく終わり、昼休みにさしかかる。ニュースデスクからの指示を待ち、市役所に待機していた安倍記者は情報公開窓口に顔を出した。閲覧スペースで、市議会や市当局の動向に関心を持つ60代の男性が政務活動費に関する書類に目を通していた。記者に気が付くと話しかけてきた。

「情報を漏らされたのはチューリップテレビですよね？　実は私も公開請求していて、私の個人名も(役所内に)伝わっているんじゃないかと思うんです」

男性も政務活動費に関する書類を公開請求していて、自分の名前や連絡先が市当局に知れ渡っているのではないかと訝(いぶか)っていた。本来、行政権力を監視するはずの情報公開制度によって、市民が不安を覚える由々しき事態だ。

正午を過ぎて、砂沢記者から安倍記者に連絡が入る。

「裏が取れたので直接確認をお願い！」

市庁舎は昼休みのBGMがかかり、省エネのため、執務スペースの照明が落とされている。その奥に課長席があり、生涯学習課長本人が残っていた。課長職は報道や広報担当者であり、社名を名乗ると対応に出てきた。すでにカメラとマイクを構えている。

「何のインタビューなのか」と課長に問われたが、「情報公開請求について」とだけ応え、そのまま尋ねた。

「我々が情報公開請求したことが他部署に漏れていたことが分かっています」
「そんなことはないと思います」

最初は否定されたが、およそ13分にわたるやりとりで、生涯学習課長は、「公式ではない形で」「自主的に」「内々で」議会事務局庶務課長に伝えたと認めた。そして、情報漏洩の認識が「多少あった」「まずいことをしたかな」と述べた。しかし、「なぜ議会事務局に伝えたのか」との問いには明確に答えず「我々が議会事務局にも情報公開請求している事実を知っていたのか」という質問には、「それはない」と否定した。

しかし、私たちが市教委に情報公開請求したのは7月29日で、議員報酬引き上げをめぐる報道はすでに一段落しており、市議の不正については私たちが水面下で取材していただけだ。その動きというのも5月31日に、議会事務局に大量の情報公開請求をしたくらいである。生涯学習課長は過去に議会事務局にもいた。私たちが議会事務局に政務活動費に関する書類を請求したことを知っていたのではないか。1万枚以上にのぼる情報公開請求は珍しく、役所の中で情報が広がっていたのではないか。この疑問を払拭することはできない。市の幹部がそう思わせる鈍感さを露見したからだ。

鈍感な教育長

安倍は市教委による情報漏洩の裏取り取材を終え、この事態について市の幹部の見解を質した。生涯学習課長の席のさらに奥にある個室で、麻畠裕之教育長に取材を申し込んだ。

「本人から報告を受けてから取材に答えます」

と言われ、15分ほど待った。この時まで教育長は、情報漏洩の事実を知らなかったのだ。教育長の取材には、市教委教育総務課長が立ち会った。冒頭、教育長は他部署に漏らしたことを「軽率だった」とした。しかし「守秘義務違反にあたるのではないか」との質問に対し、同席した教育総務課長に「同じ公務員でも守秘義務違反なのか」と尋ね、教育総務課長は「情報共有であれば守秘義務違反ではないのでは」「仕事の関係で他部署とは情報共有しているので、精査しないと分からない」と自信なさ気に返答した。これでは情報公開請求している事実は、役所の中でいくらでも広がることになる。「情報共有」の名のもと、誰が何を調べているのか市当局が知るところとなり、最悪の場合、都合の悪い事実が隠されたり、請求者が不利益を被ることも想定される。麻畠教育長は記者のその疑問に対して少し考えたあと、「結果的にそういう可能性があるということですね」と言った。

付け加えておけば、この時点で教育長と教育総務課長は報告を受けたばかりで、生涯学習課長が他部署の職員に口頭で伝えたものと認識し、守秘義務違反にあたらないという判断だった。し

富山市教育委員会が情報漏洩で謝罪会見．9月26日．

かしこの後、市教委内部の調査で、口頭のみならず、我々が情報公開請求した申請書そのものを渡していたことが分かった。申請書には会社名だけでなく、記者の個人名や、電話番号も記載されていた。何が「情報共有」で何が「個人情報」にあたるのか。何が線引きが曖昧なまま言葉ばかりが流布し、権力の都合のいいように解釈されていく。悪意のあるなしにかかわらず、権力が肥大化する一例である。

この日の夕方ニュースで、私たちは市教委による情報漏洩を独自に報じた。放送後、市役所を訪れた安倍記者に退庁前の教育総務課長は「このあと、まだ何か対応が必要か」と尋ねてきた。

前日に同様の情報漏洩問題が明らかになった議会事務局が会見を開き、詳細に説明していたにもかかわらずだ。「対岸の火事」との認識なのだろうか。

結局この3日後に、市教委は謝罪会見を開くことになる。そして、この会見で、生涯学習課長の上司にあたる教育次長は、議会事務局から情報漏洩があった件をすでに聞いていたのに、それを隠していたことが分かり、記者の質問攻めにあった。

教育委員会については、情報漏洩のみならず、取材妨害があったことも記録しておきたい。私たちの取材に「中川議員の市政報告会は開かれていない」と不正を暴く事実を証言した公民館の館長を含む市内すべての公民館長に対して、生涯学習課長は「情報公開請求の対象」として「安易に利用状況の資料を見せることのないよう」指示していたことも明らかになった。そのため報道各社は、議員たちの公民館を会場とした不正の証言を取るのに時間を要した。

一方、市職員の情報漏洩問題について、森雅志市長は「議会事務局のトップは議長、市教委のトップは教育長」と制度論を盾に、「(自分は)答える立場にない」としている。制度上「対岸の火事」とする姿勢だ。

議会事務局と市教委の情報漏洩により、関わった職員2人が減給10分の1(1か月)となった。それぞれの監督責任として議会事務局庶務課長、事務局次長、事務局長は文書訓告、市教委教育次長は戒告、教育長は文書訓告の処分に決まった。情報を漏らした本人たちに悪意はないのかもしれない。権力の腐敗に手を貸したつもりもないのだろう。しかし、中川市議は我々の情報公開請求を知り、隠蔽工作を図っていた。もう少し取材が遅れれば、一連の不正すべてが眠ったままだったかもしれない。

第6章　その後の議会

2017年4月16日，富山市議会議員選挙の開票作業．

富山市議会の一連の不正発覚は、思わぬ方向に飛び火した。

私たちが富山市議会の民進党系会派「民政クラブ」の不正について9月12日に独自に報じたあと、民進党の県議会議員2人と高岡市議会議員1人も、政務活動費を不正に取得していたことが明らかになって辞職した。

もともと保守王国の富山県では、民進党の組織は脆弱だ。国会議員もいない。民進党県連の役員を歴任してきた富山市議と2人の県議が辞職したことで、県連は壊滅状態となった。

不正の対象となったのは、政務活動費だけではなかった。民進党県連の役員たちは、国から政党に交付される「政党交付金」も、白紙の領収証を使うなどして不正に取得していたのだ。

議員報酬や政務活動費の問題は、「政治とカネ」の問題のごく一部に過ぎない。全体像をつかむには、税金から政党に交付されている政党交付金や、税金から国会議員に交付されている文書通信交通滞在費、議員らが寄付や献金・会費などをもとに采配している政治資金など、対象が幅広い。これらの中には、情報公開の進んでいない分野もあり、まだまだ分からないことが多いのが実情だ。

補欠選挙

富山市議会では、任期半ばで辞職する議員が12人となり、補欠選挙が行われることになった。告示は2016年10月30日、投票は11月6日と決まった。一連の不正発覚前から、県議会への転出による欠員が1あったため、補欠選挙では13議席を争うことになる。

現職議員の任期満了が2017年4月に迫っているため、補欠選挙で当選した人は、当選後5か月で再び審判を受けることになる。

選挙を執行するには、投開票業務にあたる市職員の人件費やポスター掲示・選挙公報にかかる経費、運動の公費負担などで、1億円程度の税金が必要となる。半年の間に2度も多額の税金を使うことに市民から反発の声も上がり、議会の自主解散を主張する声も出たが、結局、「解散してしまっては不正の全容解明が中途半端になる」などの理由で合意が得られず、補欠選挙が行われることになった。

補欠選挙には25人が立候補した。漁師や福祉事業所で働く母親、人気オムライス店の店主、元郵便局員、元ラジオアナウンサーなど、多彩な人材が集まった。

10人もの所属議員を失った自民党は、候補者を6人しか擁立できなかった。民進党は候補者を1人も立てられなかった。不正議員が出ていない共産党と社民党は鼻息が荒く、議席倍増を狙う。

これまで富山県内に地方議員がいなかった日本維新の会も、初めて3人の候補者を擁立した。投開票日の夜、13人の新人議員が決まった。ユニークな経歴を持つ議員も誕生した。
選挙によって定数40の会派ごとの構成は、次のようになった。

「自民党」 17人(一連の不正発覚前に比べ11減)
「公明党」 4人(増減なし)
「共産党」 4人(2増)
「自民党新風会」 4人(自民党の新人4人で結成)
「長月の会」 2人(自民党籍を持つ議長と副議長が議会改革の一環で自民会派から離脱して結成)
「民政クラブ」 2人(2減)
「社民党」 2人(1増)
「光」 2人(無所属の新人2人で結成)
「日本維新の会」 2人(新人2人で結成)
「フォーラム58」 1人(無所属の新人1人で結成)

ところで、市選挙管理委員会から発表された投票率を見て、私たちは愕然とした。27パーセント弱しかなかったのだ。立候補者全員が新人なので地域であまり知られておらず、運動の期間も

自民党会派が調査結果を議長に提出．10月28日．

短く、立候補者の名前や訴えが有権者に浸透しにくかった面があるかもしれない。市議会の不祥事にあきれてしまい、今までより距離を置いた有権者もいたのかもしれない。

私たちの調査報道によって、結果として、二元代表制は後退したのではないか。そんな風にさえ思えた。

補欠選挙直後に辞職した市議

実は補欠選挙告示直前の10月28日、自民党会派は過去5年分の政務活動費の調査結果を報告していた。自民党会派が議長に報告するのはこれが初めてではない。報告後に新たな不正が発覚するたびに、再度調査し報告を繰り返してきた。今回が最後の報告になるのだろうか、このあと新たな不正は発覚しないのか？

これまで富山市議会を取材してきた砂沢は、「これで終わり」だとは思えなかった。自民党会派の発表では、5年間で不正または不適切に支出した総額は2000万円あまりにのぼった。また、それに関わった市議の数は19人。ドミノ辞職以前の自民党市議の数は28人。自民党会派のおよそ7割の市議が政務活動費を返還したのだ。しかし、この翌日、新たな不正が各紙朝刊に載った。

自民党会派の宮前宏司市議が、不正な方法で作られた郵便局の領収証を使って、政務活動費を受け取ったというものだ。

その日は土曜で砂沢は休みだったが、あわてて出社した。会社で新聞各紙に目を通すと、詳細は次のような内容だった。宮前市議は資料の郵送に使うため、郵便切手を大量に購入していた。しかし、その領収証を紛失してしまったため、地元で長く付き合いのある郵便局長に領収証を作ってもらい、それを使って政務活動費を支出したというものだ。日本郵便では、システムを使わずに領収証を自作することは認めていない。再発行すること自体認めていないのだ。にもかかわらず、宮前市議が領収証を作らせたのは1度や2度ではない。全部で5回、合わせて62万円あまりを受け取っていた。後輩記者で入社2年目の高岸奈々子を宮前市議の自宅に向かわせ、砂沢は自民党会派の支出伝票を必死にめくった。目の前にあるのは3年分の伝票、自民党市議の数は議会全体の7割を占めるため、その枚数は膨大だ。とはいえ、ニュースで放送するためには、全て確認した上で、その伝票を撮影しなければならない。休日で記者の数も少ない状況だったが、夕方のニュースに間に合わせるために確認を急いだ。

しばらくすると、宮前市議の自宅に向かった高岸が戻ってきた。高岸によると、宮前市議の自宅には次々と各社の記者が訪れたが、宮前市議は取材に丁寧に答えたという。そのうえで、架空請求は否定した。報道を受けて、日本郵便は問題の郵便局長への聞き取りなど、内部調査を行うこととなった。宮前市議は日本郵便の調査結果を待ち、もし郵便局長が処分を受けることになったら、「自らも安穏としていられない」と話したものの、この時点では辞職しなかった。

補欠選挙の投開票が行われ、新たな議員が誕生した2日後、宮前市議の議員辞職が発表された。まさに寝耳に水だ。辞職の理由は、すでに報道されていた郵便局の不正な領収証の件だ。宮前市議は以前自らの進退については、日本郵便の調査と郵便局長の処分を待つとしていたが、決着する前の辞職となった。宮前市議の辞職会見に集まった記者の質問はそこに集中した。

「(日本郵便の調査を)待っていたが、地域の人たちの気持ちを感じて待てなかった」

宮前市議は富山市内でも山間部の地域で暮らしている。狭いコミュニティで生活していく中で、負い目を持ったまま市議を続けていくことに気持ちが耐えられなかったと話した。

補欠選挙により、欠員が全て補充された直後のことだった。補選前に決断していれば、次点で涙を飲んだ候補者は当選していた。これにより、富山市議会はまた欠員が出ることになった。これで13人が辞めた。

10万円の報酬増、白紙撤回へ

12月定例会の初日。自民党会派のトップ・五本市議は、賛同した6会派(自民党会派含む)を代表し、報酬の引き上げを廃止にする条例改正案を提案した。

「本件の提案は、さる6月議会において可決した、議員報酬を来年4月から、現行の月額60万円から10万円引き上げて70万円とする条例を廃止するものでございます。

もとより審議過程におきまして、反対意見に対して十分な議論と、市民の皆様への説明責任を全く果たさないままでの議決となった結果であるものと、深く反省をいたしております。

また、その後においては、政務活動費の不正受給が相次いで発覚いたしました。これらは本市議会の名誉にとどまらず、富山市民の皆様はもちろん、郷土富山のイメージをも傷つける大きな社会問題に発展いたしました。

当時、私は自民党議員会の相談役として、また最年長議員として、現会長として、一連の経過につきまして、重ねて深くお詫び申し上げます」ここまで言い終えた後、五本市議は傍聴席に向かって深くお辞儀した。

「初心を忘れるな!」傍聴者から声が上がった。

起立採決の結果、自民・公明・共産・社民など35人が賛成し、賛成多数で可決された。反対は日本維新の会の2人と、フォーラム58のあわせて3人で、いずれも補選当選組だった。反対の理由は「議員定数を削減すべきで、そのインセンティブとして報酬増額は欠かせない」「審議の過程が拙速で市民への説明が不十分」などというものだった。

その日、10万円の報酬引き上げの条例は廃止になった。

議員報酬引き上げの議案を6月議会に提案した森雅志市長は、記者会見で見解を問われてこう述べた。

砂沢「先ほど可決された議員報酬引き上げの撤回の条例改正案についてなんですけども……」

森市長「ええっと、議員提案で議会が議決したことについては、粛々と受け止めていくだけなので、ことさらコメントはありません。コメントすべきではないと思っています」

砂沢「個人的な意見でも構わないので」

森市長「だから、個人的であるにせよ。コメントすべき立場でないというふうに理解しています。それが制度論のなせる業。結果です」

市長にとっては、市が提出した議案を、議会に取り消された形になった。

同じ日、改革の舵取り役として昨年秋に議長に就任した高見隆夫議長は、それまで非公開だった各会派代表者会議を、今後議題によっては公開することを決めた。

その初めて公開された代表者会議の終了直後の記者会見。砂沢をはじめ各社の市政担当記者を前にこう述べた。

「節度ある取材をしていただきたいなと思います。分かりましたか?」

「なるべく忠実な報道の内容をひとつお願いさせていただきまして終わります」

立ち上がって出ていく高見議長に砂沢が、もう1回議員報酬引き上げの議論はできると思うか質問した。

「それは市民の皆さんがある程度理解いただければ。いつまでも現状で終わりということではないと思います。はい、終わります」

高見議長の後ろに、議会事務局の職員4人が連なって消えていった。

議会改革

２０１７年の年明けは大きな事件や事故もなく、記者たちにとっては穏やかな休暇となった。富山市議会は、超党派の議員で作る「政務活動費のあり方検討会」を設置し、不正の防止策と情報公開度を高める手段について検討を進めていた。そして、2月にその素案をまとめた。

市民オンブズマンのランキングで全国最下位レベルだった「情報公開」については、政務活動費の領収証のインターネットでの公開と、情報公開手続きなしでの閲覧、さらには議会のインターネット中継を行うことなどを決めた。

また、政務活動費の運用では、不正が相次いだ市政報告会関連の支出について、酒や湯茶、茶菓子の領収証を認めないことにした。そして、第三者機関を新たに設置し、事前と事後の審査をクリアして初めて、政務活動費を支出できることになった。これについて自民党会派は「実質的な後払いになった」と胸を張っている。このほか、会議出席の際に交通費として、1日あたり4000円支払われる「費用弁償」や、会派の所属議員数に応じて、政務活動費を上乗せして交付される「会派加算」も廃止になった。これまで非公開とされた、議会改革の検討会議や各会派の代表者会議も、公開されることとなった。

その一方で黒塗りが増える

ところが、情報公開制度で開示される文書が、逆に黒く塗りつぶされる部分が多くなるという矛盾が起きた。

きっかけは市議会事務局が年末に開いた、不可解な謝罪会見。過去3年分の政務活動費と議長交際費の開示済みの資料について、個人情報のマスキング漏れが280件あまりあったというものだ。議会事務局の説明によると、情報開示にあたっては、議員や公務員など「公人」をのぞき、個人を特定できる情報はすべて黒塗りしなければならない。その中には、研修会等の講師の氏名や、視察先から入手した説明資料に記載された担当者の氏名等を含むという。この理屈をそのまま受け取ると、議員にとって都合の悪いことも黒塗りできることになる。

宮城と砂沢は、市役所に出向き、以前に開示されたものと同じ文書を確認したところ、ある議員が出席した会合で講演した落語家の名前が、黒塗りに変わっていた。砂沢は事務局に訊いた。

砂沢「議員にとって、明らかになると都合の悪い人も、黒塗りで見えなくなってしまうおそれがあるのではないか?」

庶務課長「そういう見方をされる可能性はあるかもしれませんが、こちらはあくまでも、富山市の情報公開条例にのっとって作業していますので」

議会事務局の庶務課長は、「現時点で公開できる情報はここまで」だと答えた。ただし、公開する範囲の見直しを現在進めているとも話した。しかし、その数時間後、庶務課長から砂沢に電話が入った。さきほどの取材の中で、伝えきれなかったことがあるという。

砂沢は再び事務局を訪ねた。

砂沢「午前中聞いた話と若干変わってくるということですか?」

庶務課長「そうですね。講師の肩書と氏名は、来年度以降は公開の取り扱いに改めます」

実は、来年度からは講師の氏名を公開することが決まっていた。さきほどの説明をがらりと変えたのだ。情報公開の基準がこうも簡単に変わって良いのだろうか。砂沢には疑問だった。その根拠を尋ねてみたが、「協議の結果」としか説明はなかった。庶務課長への取材中、見かねた久世浩議会事務局長が「自分が説明する」と言ってインタビューに答えた。

久世局長「今の条例の規定を、フルに公開の方向に舵をきってできないかと」

富山市の情報公開条例は、次のように定めている。

「富山市情報公開条例　第3条　実施機関は、市民の公文書の公開を請求する権利が十分に尊重されるようこの条例を解釈し、及び運用するものとする。この場合において、実施機関は、個人に関する情報がみだりに公にされることがないよう最大限の配慮をしなければならない」

また、第7条では、公開する情報の範囲について、次のように定めている。

「……公文書に次の各号に掲げる情報……のいずれかが記録されている場合を除き……公開しなければならない」

そして、1号には、「特定の個人を識別することができるもの」と書かれている。

議会事務局長や庶務課長が言うのはこの文のことで、素直に見ると、たしかに個人の特定につながる情報は開示してはならないように読める。

しかし、さらに読み進めると但し書きがあり、個人が識別できる情報でも例外的に開示してもよいことが分かる。

「ただし、次に掲げる情報を除く」

「法令及び条例の規定により、又は慣行として公にされ、又は公にすることが予想されている情報」

要するに、法令や条例によって公開すべきと定められている情報や、慣行としてすでに公にされている情報、今後公になると予想される情報は例外だということだ。

この但し書きに着目した久世局長は、講師などの個人の名前についても、「慣行としてすでに公にされているか、今後公になると予想される」と解釈して、広くオープンにする考えを示したのだ。

公的性格のある情報は原則公開すべきだと考えるが、一方で、こうした議会事務局の運用のあり方には疑問も覚えた。実施機関の解釈や裁量で、いかようにも公開範囲を決められることになってしまうのではないか。

厳格であるべきはずの公開基準を、その場の都合に合わせて変えて良いのだろうか。この矛盾とドタバタを、私たちはＴＢＳテレビとの共同制作で、２月２日の『ニュース23』で放送した。

みそぎは終わった？　４月の選挙に出馬表明

２０１７年が明けてすぐ、政務活動費の不正で辞めた議員が支持者にあいさつまわりをしているという情報が入ってきた。浦田邦昭元市議だった。彼に真偽を聞くと、後援会が支持を約束してくれたので、再出馬するという。また、かつて議長を務めた市田龍一元市議と浅名長在ェ門元市議も、地盤の町内から後継候補が出なかったことで、自分に復帰の要請があったと説明した。

新たな不正、次々に発覚――

こうした中、2月になって新たに2011年度と2012年度の政務活動費の支出伝票が公開された。議会事務局は開示請求のあった順に処理を行ったため、直近3年分である2013〜2015年度の資料公開後に、2011〜2012年度の開示処理を行った。この資料にも不正は眠っていた。公開直後他社の報道で富山市の山間部、旧山田村地区を地盤とする浅名元市議の新たな不正が発覚した。

元々、浅名元市議が辞職にいたったのは、市内のスーパーや商店で白紙の領収証をもらい、市政報告会で配る茶菓子代を架空請求したのが理由だ。そして、その領収証を書いたのは、浅名元市議の家族だった。

今回、新たに浮上した疑惑は、以前と同じ店の領収証が見つかり、同じ筆跡で書かれているというものだった。砂沢はすぐにカメラマンとともに浅名元市議の自宅に向かった。到着したのは、出発からおよそ1時間後、山間部ということもあって路上には若干雪が残っていた。自宅にはすでに地元の新聞社がきていて、玄関先で浅名元市議が取材に応じていた。一緒に話を聞こうとしたが、新聞社から順番を守るよう注意を受けた。普段はこの手の注意を受けることは少ない。どうやら、浅名元市議が写真を撮られるのを断ったため、新聞社は撮影の許可を求めて交渉に入ろうとしていたようだ。雪の降る中、砂沢とカメラマンは20分ほど外で待った。そして、自分たちの番が回ってきた。砂沢たちもテレビカメラのインタビュー取材を申し込んだ。浅名元市議は、カメラ撮影を嫌がった。しかし、食い下がり説得を試みると、最後は応じた。

「もう市議選には出馬しない。不正を認める」

浅名元市議はカメラの前で答えた。

その３日後、自民党市議の笹木豊一市議が切手代を架空請求した疑いがあるとの報道が出た。笹木市議といえば、前の年の９月、印刷会社の白紙領収証を使って政務活動費を受け取っていた事実を、当社が独自に報じている。しかし、あの時は水増しや架空請求は行っていないと主張し、その証拠や証言も見つからなかった。結局、その件はうやむやとなり、笹木市議は受け取った政務活動費を返還することもなかったのだ。しかし、今回の疑惑の内容は、２０１１年から２０１３年にかけて、酒店で大量の郵便切手を購入したとするもので、広報誌を発送する目的で80円切手を一度に６００枚以上、多いときで１０００枚を購入している。また、この店は、以前は郵便切手を取り扱っていたものの、領収証の発行当時は販売を取り止めていたことも指摘されていた。

数日後、体調不良や多忙を理由に自宅に閉じこもっていた笹木市議が、市役所の会派控え室を訪れるという情報が入った。

各社が待機する中、午後2時半過ぎに笹木市議がやってきた。早足で控え室に入ると同時に扉は締め切られた。報道各社は扉の前で、笹木市議が出てくるのをひたすら待った。扉の前の廊下はカメラマンや記者で溢れている。1時間ほど待ったころ、笹木市議が出てきた。説明せずに帰ろうとするところを、記者たちが引きとめた。

「笹木さん、止まってください」

観念して立ち止まった笹木市議に砂沢が聞いた。

「この領収証は架空のものですか?」

笹木市議は切手を買っていないことを認めた。

当時、事務員に白紙の領収証を渡し、処理を依頼したという。受け取ったカネは、日々の政務活動に充てたとしたものの、不正を行った理由は明確にしなかった。笹木市議はカメラの前で謝罪したものの、議員辞職は否定した。今回の任期で引退する考えで、あと2か月あまりの任期を全うするつもりだと答えた。3月の定例会では質問に立ちたい、とも話した。自民党会派は、笹木市議の進退については、市議自らが判断するものとして、処分を行わない考えを示した。

ところが笹木市議は、3月22日に辞職願を提出する。市議会議員選挙の告示が、18日後に迫っていた。本人は体調不良を理由にした。これで14人の市議が辞めた。

市田元議長が出馬取り止め

笹木市議の不正発覚から、およそ1週間後。市議選への出馬を表明していた、市田龍一元市議が出馬を取り止めた。

市田元市議は後援会への説明後に取材に応じ、その理由を語った。

それによると、選挙活動で地元を回った際に「もう出ないでください」と言われたり、町内として応援できないと支援を断られたりするなど、予想以上に厳しい反応があった。そして、支援してきた後援会長と後援会の幹事長から、「このまま選挙に向かっていくべきでない」との進言を受けたという。市田元議長は、これを重く受け止めたと話した。また、取材の中で、自らに新たな不正が見つかったことも明らかにした。こうして、再出馬を表明した3人のうち2人が出馬を断念した。

結局、市民の受け止めは厳しかった。一連の不正では14人の議員が辞職している。たった半年でみそぎが終わったとして再出馬しようとする動きに批判の声が相次いだ。

また、政務活動費の不正をした議員や不適切な処理をした議員の中には、辞職していない人もいる。

自民党会派の内部調査結果報告書や私たちの取材によると、過去5年間で不正をした自民党市議は20人にのぼり、不正発覚前に自民党会派に所属していた議員28人の7割を超える。

具体的に例をあげると、五本幸正市議や作山(ほうさやま)数男市議、金厚(かねこ)有豊(ゆうほう)市議、高田重信市議は、市政報告会で来場者にアルコールを提供し、茶菓子代に含めて政務活動費を請求していた。吉崎清則市議は、市政報告会の案内状を配付しなかったのに作成費を請求していたほか、成田光雄市議は、実際には使っていない市政報告会の看板代を請求していた。南昭弘市議は、茶菓子代名目の請求が実際にはビールと焼酎だったという。

20人もの不正・不適切処理が明らかになった自民党会派だが、辞職したのは12人、1人が引退し、残る7人はこの後、4月の本選挙に立候補することになる。

民進党系の民政クラブも、内部調査の報告の中で、橋本雅雄市議が懇親会の費用を市政報告会の費用の一部にあてていたことが明らかになった。橋本市議も辞職せず、4月の選挙に出馬した。不正の総額は4000万円あまりにのぼっていて、市民の不信感は依然根強い。もう本当に不正はないのか。そして議員たちが自ら打ち出した情報公開の見直しや不正防止の対策は機能するのか。私たちはこのあとも取材を続けていく。

【追記】

4月16日、任期満了に伴う富山市議会議員選挙が実施された。2議席削減された定数38に、58人が立候補する大激戦になったが、投票率は、47・83パーセントで、2005年の合併に伴う新市発足後最低だった。

選挙戦で土下座して支援を訴える五本幸正市議．

不正が見つかって半年前に辞職した浦田邦昭市議は、自民党を離党して無所属で出馬したが、１４１３票で落選。前回の選挙から、２５００票あまり票を減らした。

不正を認めて返金したものの辞職しなかった現職市議８人も立候補した。このうち、自民党の南昭弘市議と吉崎清則市議は、落選した。

市政報告会で不適切な領収証の使用があって返金した、自民党の五本幸正市議は、３７９５票で当選した。得票は、前回よりも１４７６票減った。

自民党の柞山数男市議は、３６４７票を獲得して当選したが、１０４３票減らした。

自民党の金厚有豊市議は、３０１８票で当選したが、前回より１３００票弱減らした。

他に、高田重信市議、成田光雄市議も当選したが、いずれも得票は減った。

結局、自民党は22議席で過半数を維持したが、半年前の補欠選挙後から1議席減らした。一連の不正発覚前は28議席で、議会全体の7割を占めていた。投票率が下がったとは言え、この選挙で後退した形だ。

一方、民進党の橋本雅雄市議も不正を認め、返金した1人だが、2524票で、最後の38議席目に滑り込み、民進党唯一の議席をかろうじて維持した。

トップ当選は、4294票を獲得した共産党の赤星ゆかり市議だった。社民党は、補欠選挙後より1議席増やして3議席になった。

そして、結果を更によく見ると、38議席のうち半数の19人が、半年前の補選と今回の選挙で初当選した市議だった。現職市議が半分入れ替わっていた。

自民党王国富山の有権者は、政務活動費の不正に対して、明確に意思表示をした。

富山市議会をめぐる動き

2016年

5月10日　富山市長が富山市特別職報酬等審議会に諮問
　　　　初会合で議員報酬引き上げの方向性固まる

5月13日　富山市特別職報酬等審議会第2回会合
　　　　月10万円引き上げ妥当の答申固まる

5月19日　報酬等審議会が市長に答申

5月31日　チューリップテレビが報酬等審議会の議事録と政務活動費の支出伝票（2013年度〜2015年度分）を情報公開請求

6月1日　富山市議会6月定例会が開会
　　　　市が議員報酬を月10万円引き上げる議案を提出

6月13日　議員報酬引き上げに関する条例案が富山市議会の総務文教委員会を通過

6月15日　議員報酬引き上げに関する条例案が富山市議会の本会議で賛成多数で可決

7月12日　富山市議会事務局がチューリップテレビに政務活動費支出伝票（2013年度分）の開示決定を通知

7月15日　チューリップテレビが富山市議の政務活動費支出伝票（2013年度分）約4300枚を受け取る

7月下旬　中川勇富山市議（自民）の不正に関する情報が寄せられる

7月29日　チューリップテレビが富山市立東部公民館の使用申請書を情報公開請求

8月16日　富山市立東部公民館の使用申請書が開示され、

受け取る（開示決定は12日）

富山市議の政務活動費支出伝票（2014年度分）約4700枚が開示され、受け取る

8月19日　チューリップテレビが中川勇富山市議の疑惑について独自に報じる

8月30日　中川勇富山市議が辞職（1人目）

9月1日　チューリップテレビが谷口寿一富山市議（自民）の不正について独自に報じる

9月9日　村山栄一富山市議（自民）が、茶菓子代名目で政務活動費を不正請求していたとして辞職（2人目）

9月12日　岡本保富山市議（自民）がパソコンで領収証を自作して政務活動費を架空請求したとして辞職（3人目）

チューリップテレビが高田一郎富山市議（民政）の虚偽の市政報告会について独自に報じる

9月13日　高田一郎富山市議と針山常喜富山市議（民政）が長年不正を繰り返していたことを公表し、辞意を表明

9月14日　浅名長在ェ門富山市議（自民）が茶菓子代を水増し請求していたとして辞意を表明

9月15日　藤井清則富山市議（自民）が酒代の領収証で水増し請求したとして辞意を表明

9月20日　市田龍一富山市議会議長（自民）がパソコン代を水増し請求したとして辞意を表明

9月21日　谷口寿一、市田龍一、浅名長在ェ門、藤井清則、高田一郎、針山常喜の6人の市議が辞職（4人目〜9人目）

富山市議会事務局が、チューリップテレビの出した政務活動費に関する情報公開請求を富

山市議に漏洩していたことが発覚

9月23日　富山市教育委員会が、チューリップテレビの出した市立公民館の使用申請に関する情報公開請求を議会事務局に漏洩していたことが発覚

9月27日　チューリップテレビが岡村耕造富山市議（自民）がカラ出張していたことを独自に報道

9月28日　岡村耕造富山市議が辞職（10人目）

9月29日　丸山治久富山市議（自民）が、茶菓子代を水増し請求したとして辞職（11人目）

10月3日　浦田邦昭富山市議（自民）が、偽りの印刷代を請求したとして辞職（12人目）

10月30日　富山市議が相次いで辞職したことに伴う富山市議補欠選挙が告示
欠員13に対し25人が立候補

11月6日　富山市議補欠選挙が投開票され、13人の新人議員が当選　投票率は26・94パーセント

11月8日　宮前宏司富山市議（自民）が、郵便局の領収証を郵便局長に偽造させたとして辞職（13人目）

12月1日　富山市議会12月定例会の本会議で議員報酬引き上げを廃止する条例改正案が可決

2017年

3月3日　富山市議会の本会議でインターネット中継開始

3月22日　笹木豊一富山市議（自民）が辞職（14人目）

4月3日　情報公開請求なしに政務活動費の領収証等が閲覧可能に

4月16日　富山市議会議員選挙・富山市長選挙

5月30日　市民オンブズの住民監査請求で、富山市監査委員が自民党会派の支出した政務活動費１０

1万円あまりを返還するよう富山市長に勧告

6月1日　2016年度の政務活動費の収支報告書が公開　政務活動費の使い切り率が62パーセント（前年度は100パーセント）

6月8日　チューリップテレビが五本幸正富山市議の印刷代の不正疑惑を独自に報じる

7月11日　公認会計士などでつくる第三者機関を設置し、政務活動費の審査を開始

7月19日　市民オンブズが富山市議会の政務活動費について住民訴訟を起こす

9月5日　市民団体「市民の会」らの住民監査請求で、富山市監査委員が自民党会派の支出した政務活動費196万円あまりを返還するよう富山市長に勧告

10月3日　市民団体「市民の会」が富山市議会の政務活動費について住民訴訟を起こす

2018年

1月25日　自民党会派が新たな不正受給を明らかにし、利息を含め1170万円あまりを富山市に返還

3月2日　富山市議会の本会議でケーブルテレビ中継開始

4月13日　住民監査の結果を受け、自民党会派が政務活動費約140万円を富山市に返還

4月23日　市民団体「市民の会」が富山市議会の政務活動費について新たな住民訴訟を起こす

2019年

1月30日　詐欺などの疑いで、富山県警が中川勇元市議ら7人と現職の村上和久議長（自民）を書類送検

2月1日　村上和久議長（自民）が議長職を辞職（議員は継続）

富山市の政務活動費をめぐる動き

2月12日　横野昭富山市議（自民）が新議長に決定

2月21日　横野昭議長（自民）に政務活動費の不適切な支出が発覚　議長続ける意向

2月22日　横野昭議長（自民）が政務活動費43万円あまりを返還

3月1日　横野昭議長（自民）が議長職を辞任し、舎川智也富山市議（自民）が新議長に

4月9日　富山地検が村上和久富山市議（自民）と中川勇元市議ら3人、合わせて4人を詐欺の罪で起訴

4月19日　村上和久市議（自民）が自民党会派を離脱し、一人会派を結成

4月25日　市民団体「市民の会」の住民監査請求で、富山市監査委員が自民党会派の支出した政務活動費34万円あまりを返還するよう富山市長に勧告

7月1日　木下章広富山市議（創政改拓）が夜間に無断で議会事務局に侵入し、女性職員の机を物色していたことが発覚し謝罪

7月3日　木下章広富山市議（創政改拓）に辞職を促す糾弾決議案が可決

7月16日　村上和久富山市議の初公判　起訴内容を否認し無罪を主張

7月19日　中川勇・谷口寿一・市田龍一元市議3人の初公判　検察側は3人それぞれに懲役1年6カ月を求刑

9月3日　木下章広富山市議（創政改拓）に対する1回目の辞職勧告決議案が可決

9月10日　富山県警が木下章広富山市議（創政改拓）を建造物侵入の疑いで書類送検

10月23日　五本幸正富山市議（自民）と高見隆夫富山市議（自民）が政務活動費の不適切な支出を認め、合わせて375万円あまり（利息含む）を市に返還

11月7日　市民団体「市民の会」が五本幸正富山市議（自民）と高見隆夫富山市議（自民）を詐欺の疑いで富山地検に刑事告発

11月12日　自民党会派の役員会で、五本幸正富山市議と高見隆夫富山市議の会派離脱を了承

11月22日　富山地検が木下章広富山市議（創政改拓）を建造物侵入の罪で略式起訴

12月24日　木下章広富山市議（創政改拓）に対する2回目の辞職勧告決議案が可決

2020年

2月27日　富山県警が五本幸正富山市議と高見隆夫富山市議を詐欺の疑いで書類送検

3月27日　富山地検が五本幸正富山市議と高見隆夫富山市議の不起訴処分を決定

6月18日　富山地検が決めた五本・高見富山市議の不起訴処分に対し、富山検察審査会が「不起訴不当」を議決　富山地検による再捜査へ

あとがき

一連の政務活動費の不正で、富山の地域メディアはそれぞれ情報公開制度を使って独自の調査報道を展開した。普段は、各社しのぎを削って抜いたり抜かれたりする中で、他社が抜いたネタに関しては扱いを小さくしたり、ふてくされて扱わないこともあるのだが、事この問題については妙な、連帯感のようなものが互いにあり、抜かれたネタも後追い取材して伝える社が数多くあった。少なくとも私たちはそういう姿勢でのぞんでいたのだが、北日本新聞の報道本部長も同様の考えだったことを、後に私たちに話してくれた。一連の不正を浮き彫りにしたのは、富山に拠点を置く地域メディア全体の力によるものだったと思う。

今回のチューリップテレビの記者たちの報道活動を、多くの方々に評価していただく一方で、JNNの先輩記者からこんな問いかけがあった。

「もしも、議員報酬の引き上げというきっかけがなければ、こうした議会ぐるみの犯罪は今も横行していたのではないですか?」「これまでなぜ報道できなかったのですか?」

この言葉で、それまでマスコミとしてのチェック機能を果たしきれていなかったことに、あらためて目を向けた。私たちは、過去の複層的な取材・検証とともに、議会や行政の将来への道筋も示さなくてはならない。また、すぐ目の前で行われてきた不正の闇に長く気づかなかったことを、自ら戒めなければならない。

最後に、今回の取材や報道を多くの先輩や仲間たちにささえてもらった。とりわけ全国に伝える機会を作り、共に闘った『ニュース23』や『報道特集』をはじめとするＴＢＳテレビの番組プロデューサーはじめ、編集長、デスク、記者の方々には感謝の気持ちでいっぱいだ。ＴＢＳテレビの報道局長や編集部長には、窮地に立った時にサポートしてもらった。岩波書店の皆様には、出版という形で地域の報道活動の一端を全国に伝えていただいた。

そして何より、ニュースや番組に対して県民、市民の皆様から激励や、ご意見をたくさんいただき励みになった。市民の声が議会を動かしたのは間違いないし、地域住民の支持がなければ取材も行き詰まったかもしれない。私たちは小さなテレビ局だが、議会や行政をチェックする地域メディア本来の役割を果たし、地域のあるべき姿や方向性を示していくよう努力を続けたい。

本書の執筆は、以下のデスク、記者が担当し、服部寿人が全体をまとめました。第一章＝砂沢智史、宮城克文、五百旗頭幸男、中村成寿、第二章＝宮城克文、砂沢智史、第三章＝砂沢智史、宮城克文、五百旗頭幸男、第四章＝宮城克文、砂沢智史、安倍太郎、毛田千代丸、谷口菜月、第五章＝砂沢智史、宮城克文、五百旗頭幸男、安倍太郎、第六章＝宮城克文、砂沢智史。

二〇一七年四月

著者を代表して　服部寿人

映画『はりぼて』公開にあたってのあとがき

あれから4年、私たちは「富山市議会のその後」を追加取材し映画化した。２０１６年12月に番組『はりぼて』を放送したあと、富山市議会は選挙で市議の半分が入れ替わり、インターネットで市議会本会議の中継がはじまり、政務活動費は事実上後払いになるなど「改革」が進んだ。しかし、議員の不正はなくならなかった。その後も印刷代の架空請求や、飲食を伴う会合での政務活動費の使用などが発覚したほか、新たな市議会の「ドン」の疑惑が明るみになる。それらの大半は、辞職した14人の市議が不正をしたのと同じ時期のものだった。彼らは、辞職した議員たちが法的な、あるいは社会的制裁を受けているときに、沈黙し、嵐が過ぎ去るのをじっと待っていたのである。加えて、議会の改革を掲げて当選した議員が、市役所の女性職員の机を物色して略式起訴される事件が起きるなど、富山市議会の混迷は続いた。ところが、辞職した議員は1人もいない。不正や破廉恥行為が発覚した議員は、自らを律し、襟を正すことすらしなくなった。14人の市議たちの辞職は教訓として何を残したのか。記者たちにも空虚なムードが広がった。

その私たちチューリップテレビの報道を取りまく状況もこの4年で大きく変わった。報道制作局の当時の取材メンバーは、私を含め半分以上が入れ替わった。退職したメンバーもいる。議会の不正防止策等を日々取材しながら、「議会改革を問う」と題した公開討論番組を定期的に開催し、議会の取り組みや議員の行動をチェックしてきた。ニュースのその後を取材するのは当たり前のことだ。しかし、取材、報道で、議員の言い逃れを突き崩せなくなった。調査報道が不十分で、詰め切ることができなくなっていた。

『はりぼて』をいま映画化したのは、富山の地域の出来事が、一地方の話ではないのではないかと感じるからだ。議員や行政のありよう、そして私たち地域メディアの姿も、この国の今を映し出しているのではないか。年が明けてから、ニュースの大半はコロナウィルスに関するものばかりだ。その陰に隠れて、いろいろなことがうやむやにされている。森友、加計問題はその最たるものだ。公費の私物化といわれる「桜を見る会」や、検察幹部の定年延長人事への介入は、国民の感覚から大きく乖離した事件だと感じる。そして、これらをメディアが全容解明できていないのも現実だ。

公権力をチェックすることは、私たちにとって生命線だ。時代をとりまく状況がどうあれ、変わらぬものだと信じる。私たちはそれを続けるし、報道する歩みを決してとめない。2020年夏、『はりぼて』の映画化は、その宣言だと受け止めていただけることを切に願う。

二〇二〇年七月

チューリップテレビ　服部寿人

解説　瑞々しい記者たちのパワー

金平茂紀（TVキャスター、記者）

この読後感の爽快さは一体何だろう。日本のマスメディアに関する最近の本と言えば、どうしても、市民からの信頼感の喪失だとか、報じられるべきことが報じられていないとか、「萎縮・忖度・自己規制」の3点セットがメディアを覆っていることへの憂慮であるとか、いわばメディアの危機の表明を基調としたものが多いのだが、本書のように読者がメディアへの信頼感を取り戻す方向へと誘う本は、残念ながら数少ないのが現状だ。読み終えると、何だか「そう簡単に憂い顔をしなさんな」とでも言われたような気分になる。僕自身はテレビ報道の仕事ばかり40年続けてきた人間だ。この本に登場してくる記者、キャスター、ディレクター、組織をマネージメントする局長や部長らと、長年同じような仕事をしてきた。その自分が彼らの取材活動を記したこの本にどんどん引き込まれていく。報道は何のために行うのか、取材するとはどのようなことを言うのか、といった、いわば〈原点〉に立ち返らされる思いがしたのだ。

チューリップテレビはJNN系列（日本で最も歴史の古い民放テレビ局の全国ネットワークで、東京のTBSテレビをキー局としている。現在28のテレビ局が参加している）のローカル局として1990年

10月に開局した、富山県では最後発のテレビ局である。だから若い。若いということは、報道の仕事を担う立場としては必ずしもいいことばかりではない。けれども本書を読んでいるうちに、根拠のないプライドや過去や地域とのしがらみ、決まりごとから自由になって思う存分やれたのは、若い局だからじゃないかという半分妄想のような思いにもかられた。とにかく記者たちに馬力があるのだ。おかしい、理不尽だ、フェアじゃないと思ったら、とことん手段を尽くして取材し証拠をつかみ、あとは直接本人にあてて放送に踏み切る。その単刀直入なプロセスが瑞々しくて活力が感じられる。こういうことは図体の大きい旧(ふる)いテレビ局ではもはや希有なことだ。

ここできわめて個人的な事情を明かすと、僕は富山に縁がある。父母が富山出身で、生前、転勤族であった父は、家の中ではいつも富山弁で話していた。住んでいた北海道でも東京でも、帰宅すると富山弁だった。同意を求める「のおお」とか、その通りだという意味の「そいがやちゃ」という言葉のイントネーションが耳に馴染んでいる。だから今でもひょんなことから富山弁を聞く機会があると、妙に懐かしい思いにかられてしまうのだ。

2016年の5月10日のことだ。旧知のチューリップテレビ・服部寿人報道制作局長から、同局で若手を対象に(といってもこの局は全員が若いのだが)勉強会をやりませんか、とのお誘いを受けて富山市のチューリップテレビにお邪魔した。この頃、僕は、前月に発生していた熊本地震の取材に忙殺されており、この富山での勉強会の翌朝、すぐさま熊本県の益城町に直行していた。同局夕方のローカルニュース番組『ニュース6』の放送を見学のあと、会議室で1時間あまりお話をさせていただいた。「チューリップテレビは若いのだから、あらゆる可能性がある。権力監視、少数派をまもる、多様性の尊重といった故・筑紫哲也氏の言っていた3原則を忘れるな」といったことどもを偉そうに喋っていた。当時の日記を読み返してみたらこんなふうにあった。「みんな真剣に聴き入っていた。懇親会にも20人以上の人がやってきた。熊本地震取材のさなか、無理をしてチューリップテレビにやって来た甲斐があった」。その時に名刺交換して酒を酌み交わしたのが、本書にも登場する宮城克文デスクや砂沢智史・富山市政担当記者、五百旗頭幸男キャスターらだった。その際、服部局長が何やら意味深に「僕らは今、議会や役所とたたかってるんですよ」という趣旨のことを言っていたことを覚えている。

その5月10日という日こそ、今から考えるとすべての起点だったのだった。森雅志富山市長が富山市特別職報酬等審議会に議員報酬引き上げの諮問を行ったことを受け、10日に初会合が開かれ、何とその場であっさりと引き上げの方向性が決まってしまった日だ。砂沢記者らは当然この日、それを取材していた。懇親会の場も和んで富山弁であちこちで会話が弾む中、砂沢記者は早々と取材のフォローアップで引きあげて行った。すでにチューリップテレビ報道の若い蒸気機関車が動き始めていた。彼らが議員報酬の引き上げのプロセスはおかしいという視点から取材を深めていった時に行き着いたのが、「市議会のドン」といわれていた自民党の中川勇市議だった。

議員報酬引き上げの動きを取材する中で、宮城デスクと砂沢記者は情報公開制度を活用して報酬等審議会の議事録と過去3年分の政務活動費の領収証の開示請求を行った。取材の基本的動作をきちんと行っている。まさかそのことが、政務活動費をめぐる不正を暴く重大な糸口になるとは、想像もしていなかったという。とても可笑しいのは請求した資料の量が膨大で、コピー代金だけで15万円ほどの計算になることがわかった時の2人の腹のくくり方だ。若いローカル局は取材経費も限られており、さらには取材人員もキー局の数十分の一という現実がある。全部何から何まで自分でやるのだ。コピー代金15万円はバカにならない経費であり、かつその膨大な資料を読むのはそれを請求した本人たちだけでやらねばならない。他に人がいないのだから。とりあえず2人は中村成寿報道部長に相談すると、コピー代の支出を快諾してくれたという。2016年6月、市議会は議員報酬の引き上げを可決、7月の参議院選挙が与党の大勝で終わって、チューリップテレビの報道制作局の中にでさえ一段落のムードが漂っていたようだ。宮城デスクと砂沢記者の2人は段ボール数箱分の資料を前に、途方に暮れかかっていたようだ。「これ、本当に全部見るがけ?」「でも、経費もかかっとるからな」。どっちがどっちの発言かは知らないが、何だか喜劇映画をみているようだ。2人は毎夜ルーティーンを終えた午後8時頃から、資料を読み始めた。大体、砂沢記者は日々の取材をこなすことに精一杯で、資料を請求していたことさえ忘れていたのだ。ところが読み込むうちに奇妙な領収証がみつかり、中川市議のものに焦点を当てたところ疑惑が露見してきた。それをこつこつと直当たりで確認作業を行っていくと、政務活動費のウソがばれてきたのだ。市政報告会が公民館で開かれて資料の印刷費が支出されているとあるが、そんなものは開かれていないことが判明する。資料の印刷そのものが行われていなかったこともわかる。これらの経緯は本書に細かく書かれている。

今だから結果的に言えることがある。取材に応じた中川市議らに、最後の最後のところには良心が残っていたという点だ。これが取材の価値を結果的に非常に高めた。大体、不正に取得した政務活動費の使い途について記者会見の場で、「まあ、飲むのが好きなもんですから、誘われれば嫌とは言えない性分で。ほとんど飲み代です」などと正直に告白する議員はそうそういるものではない。その他連鎖的に辞職した市議たちも、中には「国民が汗の滲む思いで納めてくれた税金をこのように使って申し訳ない」と泣きながら詫びていた議員もいた。考えてもみようではないか。今、僕らが目の前にしている閣僚も含む国会議員たちは、このような良心を持ち合わせているだろうか。

残された紙幅でぜひとも指摘しておきたいことがある。五百旗頭キャスターが中川市議や森市長に取材をする際の質問力のしたたかさ、しつこさの素晴らしさだ。疑問がある限り逃げずに真正面から問い続ける姿勢には、目を見張るものがある。中央政界や省庁でこれほど緊張感のある質問を投げかける記者がいるだろうか。何という落差だろうか、と僕は思う。もうひとつは政治からの圧力を忖度して組織内部で「いい加減にしたらどうだ」というような規制がかかることは、少なくともチューリップテレビ報道制作局の中ではなかったという点だ。素晴らしい！　この政務活動費不正疑惑をつかんだ宮城デスク、砂沢記者が服部局長に腹を割って相談した時の返答がふるっている。「思い切りやれ」。チューリップテレビが情報公開請求を行っていたことを、議会事務局が議員に漏らしていたという破廉恥な事実が明らかになった後、議会事務局長らがチューリップテレビに謝罪に訪れることになった。その模様を一部始終撮影することを指示したのも服部局長である。

２０１７年４月16日、富山市議会議員の選挙があった。市議会議員で政務活動費の不正があった議員のうち３人が落選し、５人が当選した。自民党は22人が当選し過半数を維持した。富山はもともと保守王国といわれる。そんな中でチューリップテレビの政務活動費報道が果たした役割は、将来にわたって語り継がれていくに違いない。そう僕は確信する。

希望はまだ捨てられない。

解説　ローカル・メディアによる問題提起

音　好宏（上智大学新聞学科教授、メディア論）

ローカル・メディアは、地元の政治に弱いという。それは、ローカル・メディアが地元の政財界と一蓮托生の関係にあるため、本来、報道機関に求められている権力監視機能を十分に発揮できないからだ。翻って支局ではあるものの、記者たちが数年おきに定期異動をする中央メディアの方が、地元の政財界との癒着は起こりにくいことから、そのチェックは厳しくできる。中央の大手メディアの関係者が、よく言う説である。

そんな説を覆し、ジャーナリズムの矜恃を示したのが、チューリップテレビの富山市議会政務活動費問題に関する一連の報道であった。今回の報道で、同テレビの取材チームは、疑惑の対象となった市議とその周辺に、足で稼ぐドブ板型の取材を長きにわたって続けることで、政務活動費不正使用の実態を明らかにすることにつながった。もちろん、地元メディアの中で、チューリップテレビだけが、この問題を追いかけていたわけではない。地元メディアの北日本新聞や、北日本放送、富山テレビといった競合他社と取材競争を繰り広げながらも、ジャーナリズムの社会的役割をともに嚙みしめていたことは確かだ。

ただ、その地元民放局の中でも、チューリップテレビは最後発の局で、かつ報道・制作に関わる人員が決して多いとは言えない環境の中で、一連の報道を続けてきたことも記しておきたい。

チューリップテレビは、1990(平成2)年10月に開局した、富山県をサービスエリアとするTBS系列のテレビ局である。老舗局の多いTBSの系列局の中にあって、1989年10月に開局したテレビユー山形、チューリップテレビの2年後の1992年10月に愛媛県に開局した伊予テレビ(現・あいテレビ)と並んで、平成に入ってから開局した、いわゆる「平成新局」である。旧郵政省(現・総務省)が進めた全国民放テレビ4局化政策、いわゆる「四波化」政策に基づいて、比較的マーケットサイズが小さい県にも置局が進められたが、平成以降に開局した民放局は、バブル経済の崩壊とも相まって、開局早々厳しい経営環境に置かれた。富山県で3番目に開局したチューリップテレビも例外ではなく、出費を抑え、経営効率を高める事業運営を余儀なくされた。勢い、現場には、制作費の抑制、少ない人員での取材・制作体制の維持が求められた。

チューリップテレビの現場は、そのような条件の中で、少ないスタッフながらも、政務活動費問題を丁寧に追いかけ、その活動は数々のスクープに結びついていった。

ただ、今回のチューリップテレビの取材・報道を評価するにあたって、もう一つ付け加えておくべきなのは、その推進役の一端を担ったのが、系列キー局のTBS報道局であった点である。TBS系列各局が放送するTBSのニュース番組『報道特集』などで取り上げ、富山で起こったこの問題を、全国に広く知らしめるとともに、政務活動費に向けられた疑惑を、いまの日本の政治活動における構造的問題として捉え直すきっかけを作った。

実は、ＴＢＳがこの手の役割を果たした系列局との連係プレーは、他のテレビ局、新聞と比べても多い。１９９７年11月に起こった北海道拓殖銀行の破綻を、地元の北海道放送は、ＴＢＳ報道局と連携してスクープした。また、１９９０年代に社会問題化した香川県豊島(てしま)の産業廃棄物の不法投棄を、地元・山陽放送が継続的に報道したが、ＴＢＳが『ニュース23』などの全国ニュース枠で取り上げたことが、豊島住民が業者と県を相手取って申請した国の公害等調停委員会による調停の遂行を後押しした形となり、２０００年に調停成立に至っている。

この中央と地方のメディアの連携こそが、体力で劣るローカル・ジャーナリズムを支えることになるのではなかろうか。

加えて、地域で起こった問題を全国レベルの問題として捉え直し、その今日的意義を考えることも重要である。政務活動費問題は、富山以外の地方自治体でも十分に起こりうることであり、現に富山市議会の件をきっかけに、宮城県議会でも同様の政務活動費の不正支出が発覚している。

いま、メディア環境の変化、特に、インターネットによる広告費の伸長の中で、広告収入を主な収入源とする地方民放局の経営環境は、ますます厳しくなることが予想されている。そのような環境の変化を受け、一部には、地方民放局が地域メディアとして十分に機能していないのであれば、再編もやむなしといった意見を主張する政治家やメディア評論家も存在する。それらの意見の背景にあるのは、地方民放局が、在京キー局などから提供されるネットワーク番組や購入番組ばかりを流し、地域のメディアとして地元の情報提供を積極的に行っていないといった批判である。加えて、今後ますます地方民放局の経営環境が悪化するのであれば、免許制度の見直し等を含めた地域メディアの構造変革を行うべきとの主張も強まろう。

確かに、放送番組のアワードにあわせて、年に数回だけ、ドキュメンタリーなどテーマ性のある自社制作番組を制作する地方民放局が存在するのも確かだ。中には、それらの番組制作にあたり、東京などから放送作家を呼び、ロケ台本まで用意してもらうケースもあるらしい。

今回のチューリップテレビの富山市議会政務活動費問題に関する報道では、日常の報道活動の一環として政務活動費問題を取り上げ続け、その中間報告として、何本かの長尺の特集を制作、放送している。ＴＢＳが『報道特集』で扱ったチューリップテレビ取材チームによる同問題の中間的な総括であった。地方民放局では、日常の取材・報道活動の延長線上にドキュメンタリーがあり、その制作過程で、具体的な地域社会の問題の、全国の普遍的な問題への昇華が行われるのである。

富山市議会の政務活動費問題はまだまだ続いているが、これまでチューリップテレビが掘り起こした政務活動費問題の報道は、単に優れた調査報道の成果というだけでなく、いまの日本の地方民放局のあり方に対する問題提起だと言えるのではなかろうか。

チューリップテレビ取材班
チューリップテレビは，富山県を放送エリアにするTBS系列局．1990(平成2)年開局．従業員72人(2020年4月現在)．本社所在地は高岡市，富山市に放送センター．
2016年6月の富山市議会の議員報酬の引き上げに端を発する，政務活動費の不正取得にともなう議員辞職事件の報道により，JNN大賞，2017年度日本記者クラブ賞特別賞，2016年度ギャラクシー賞報道活動部門大賞を受賞．また，一連の報道をまとめたドキュメンタリー番組『はりぼて〜腐敗議会と記者たちの攻防〜』でJNNネットワーク大賞を受賞．本書は，事件の発端から2017年4月までを描いた書き下ろしに，映画『はりぼて』公開にさいしてのあとがきを加えたものである．初版刊行時には，尾崎行雄記念財団制定の咢堂ブックオブザイヤー2017の地方自治部門大賞を受賞した．取材チームの面々については，本書に掲載した「チューリップテレビのおもな登場人物」を参照．

富山市議はなぜ14人も辞めたのか
── 政務活動費の闇を追う

2017年 5 月25日　第1刷発行
2020年10月26日　第5刷発行

著　者　チューリップテレビ取材班(しゅざいはん)

発行者　岡本　厚

発行所　株式会社 岩波書店
〒101-8002 東京都千代田区一ツ橋2-5-5
電話案内 03-5210-4000
https://www.iwanami.co.jp/

印刷・三陽社　カバー・半七印刷　製本・松岳社

ISBN 978-4-00-061201-2　　Printed in Japan